Comprendre Lacan

« Comprendre/essai graphique »,
une collection dirigée par Luis de Miranda
© Max Milo éditions, Paris, 2013
www.maxmilo.com
ISBN : 978-2-315-00375-4

Hervé Castanet

Yves Rouvière

Comprendre Lacan

Max Milo

Comprendre/essai graphique

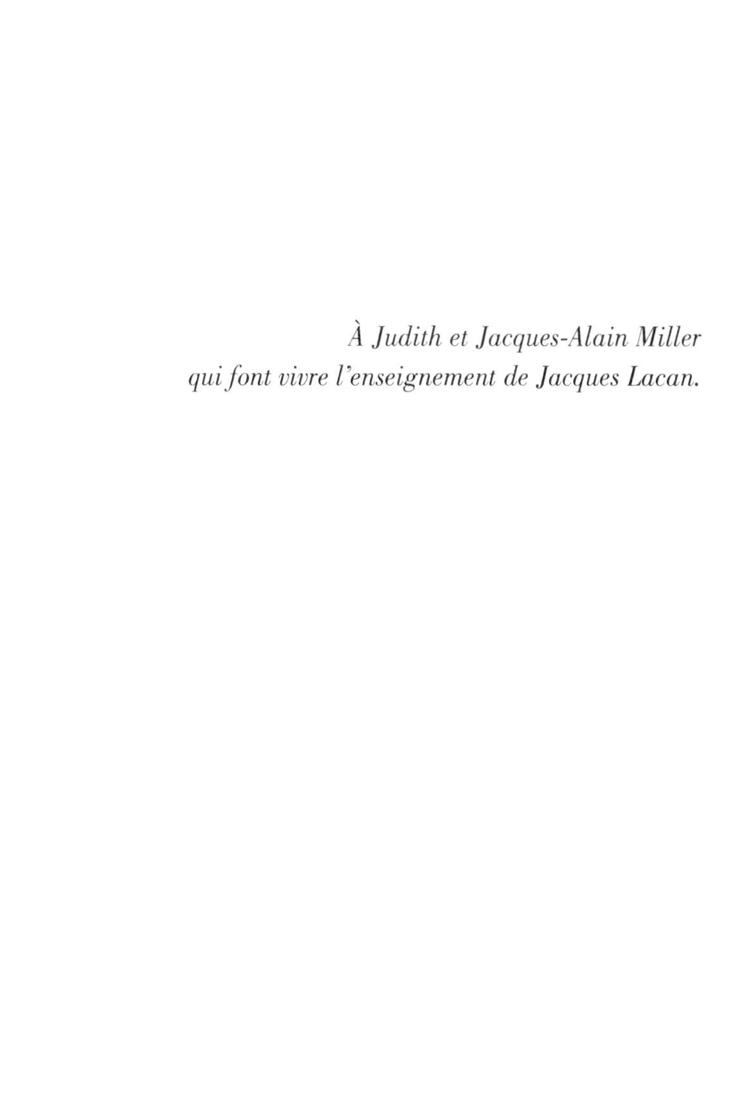

À Judith et Jacques-Alain Miller
qui font vivre l'enseignement de Jacques Lacan.

Introduction
Pourquoi Lacan ?

Jacques Lacan est né en 1901 et est mort en 1981 (« Tout fou Lacan », titra, en première page, le journal *Libération*). Il demeure toute sa vie à Paris et exerce la psychanalyse dans son cabinet au 5 rue de Lille (7ᵉ arrondissement) de 1940 à 1981. Issu d'une famille de la moyenne bourgeoisie, il fait ses études au collège Stanislas puis à la faculté de Médecine. Il passe sa thèse en 1932. Consacré au cas Aimée, une psychotique qui a tenté d'agresser une actrice célèbre, ce travail est immédiatement reconnu par ses pairs.

« Notre thèse est une thèse de doctrine », dira Lacan. Elle aborde l'articulation, dans ses rapports avec la personnalité, du délire et du **passage à l'acte paranoïaque**. Il devient psychiatre. Lorsqu'il précise, en 1966, ses « antécédents », il reconnaît en Gaëtan Gatian de Clérambault (1872-1934) son « seul maître en psychiatrie ». Auteur de remarquables articles sur l'érotomanie, Clérambault dirigeait, d'une main de fer, l'Infirmerie spéciale de la Préfecture de police de Paris.

PAVILLON
A

Lacan travailla dans son service durant l'année 1928-1929 sans pour autant adhérer à ses choix doctrinaux.

Juste après la rédaction de sa thèse, **il entame une psychanalyse avec Rudolph Loewenstein** (1898-1976) qui émigrera ensuite aux USA où il développa, avec Hartmann et Kris, une théorie adaptative du moi – l'*Ego psychology*. En 1934, Lacan est admis à la Société psychanalytique de Paris (SPP). Membre titulaire en 1938, il en devient le président en 1949.

Une crise institutionnelle, menée par des élèves psychanalystes affrontés à l'inertie de la formation et à un autoritarisme, incarné par Sacha Nacht (1900-1977), qu'ils supportent mal, aboutit à la création, en 1953, de la Société française de psychanalyse (SFP) par Daniel Lagache (1903-1972), professeur à La Sorbonne. Lacan en fait partie. Suivent, pendant dix ans, des négociations et des tractations pour obtenir que les démissionnaires de la SPP soient néanmoins reconnus par l'Association psychanalytique internationale (IPA), dont les orientations s'éloignaient chaque jour davantage de la découverte freudienne. En 1964, la décision tombe : Lacan est « excommunié », selon son mot, par l'instance internationale qui n'accepte de reconnaître la SFP que si cette dernière lui retire son titre de didacticien et ses charges d'enseignement. Pourquoi ? L'IPA reproche à Lacan de ne pas respecter la durée fixe de quarante-cinq minutes des séances. **C'est donc la séance courte qui fait pomme de discorde.**

Le 21 juin 1964, Lacan fonde l'école française de psychanalyse qui s'appellera, peu de temps après, école freudienne de Paris (EFP) : « Je fonde – aussi seul que je l'ai toujours été dans ma relation à la cause psychanalytique – l'école française de psychanalyse dont j'assurerai […] personnellement la direction. » SPP et SFP (cette seconde étant moins rigide que la première) étaient fondées sur un *automaton* institutionnel accompagné de sa bureaucratie de groupe. La fondation de l'EFP, elle, est un acte comme conclusion (et conséquence) d'une relation à la cause analytique. **Au non-acte du groupe, s'oppose l'acte de Lacan.** Il n'y a d'acte que dans une logique du un par un. Il en définit l'orientation : « Ce titre dans mon intention représente l'organisme où doit s'accomplir un travail – qui, dans le champ que Freud a ouvert, restaure le soc tranchant de la vérité – qui ramène la praxis originale qu'il a instituée sous le nom de psychanalyse dans le devoir qui lui revient en notre monde – qui, par une critique assidue, y dénonce les déviations et les compromissions qui amortissent son progrès en dégradant son emploi. » En janvier 1980, Lacan dissout son école : « Il y a un problème de l'école. Ce n'est pas une énigme. Aussi, je m'y oriente, point trop tôt. Ce problème se démontre tel, d'avoir une solution : c'est la *dis* – la dissolution. »

En janvier 1981, l'École de la Cause freudienne est créée. Lacan en est le président. L'ECF a vocation à produire la contre-expérience de l'EFP et s'inscrit dans la définition qu'il donne d'une école pour la psychanalyse : « Si je père-sévère, c'est que l'expérience faite appelle contre-expérience qui compense. Je n'ai pas besoin de beaucoup de monde. Et il y a du monde dont je n'ai pas besoin. » Pourquoi dissoudre ? Parce que, constate Lacan, l'EFP est devenue « Institution, effet de groupe consolidé, aux dépens de l'effet de discours attendu de l'expérience, quand elle est freudienne ». La dissolution répond à l'Acte de fondation : c'est la psychanalyse qui risque de passer à la trappe lorsque la bureaucratie prend le dessus.

Très nombreux sont les livres qui rapportent des anecdotes sur Lacan, sa façon de parler, de s'habiller, de se comporter à table, dans un musée ou en réunion, ses interventions dans les séances. Beaucoup réduisent Lacan à un dandy au style hermétique, aux actions déroutantes. Certains tentent de contester ses thèses en les rapportant à celles de Freud (l'inconscient n'est pas structuré comme un langage mais est fait d'images préverbales, etc.). D'autres réduisent son enseignement à quelques formules toujours répétées (l'amour c'est donner ce qu'on a pas, etc.). Parce que devenu célèbre, ce traitement de sa personne et de son enseignement ne surprend pas. Il fut présent de son vivant. Depuis sa mort, il s'est poursuivi toujours avec la même vivacité (et non sans haine quelquefois). **Ce n'est, à notre avis, qu'une modalité de ne pas lire Lacan – de ne pas étudier ses avancées.** Ce *Comprendre Lacan* que le lecteur tient entre les mains a une visée modeste (impliquée par le nombre de pages imposé) mais précise : en quoi et comment Lacan lit-il Freud ? En quoi et comment Lacan, qui se dira toujours freudien, refonde-t-il la psychanalyse freudienne ? En quoi et comment Lacan réinvente-t-il la psychanalyse en donnant une issue aux impasses de la doctrine de Freud ? Lacan n'est pas un nom de plus dans l'histoire de la psychanalyse, un maître parmi d'autres maîtres. Lacan a permis que la psychanalyse ne disparaisse pas, qu'elle soit toujours la « peste » (mot de Freud à Jung lors de son voyage aux USA, en 1909). Au génie de Freud répond le génie de Lacan.

Prenons un exemple qui fit rupture. Lacan, à un moment de sa pratique analytique (dès le début des années 1960), ne respecte plus la durée fixée à l'avance des séances : les quarante-cinq minutes réglementaires. L'IPA, on l'a dit, a très mal pris ce choix. Les séances ont des durées variables. Elles sont écourtées, réduites, brisées… Une scansion produite par l'analyste l'interrompt. **C'est l'acte de l'analyste qui est aux commandes**, et non l'horloge qui mesure la durée objective des minutes. Quel statut donner à cette modification du « cadre » analytique ? Est-ce une facilité ? une décision privée ? une contestation des standards ? Non ! Ce changement dans la « technique analytique » (comme disait Freud) a son fondement en doctrine et tient à la définition du concept d'inconscient.

Lacan, en 1960, dans « Remarque sur le rapport de Daniel Lagache », distingue *durée* et *temps* : « Une mouche du coche ici s'évoque à objecter qu'il ne saurait s'agir de l'inconscient, puisque, comme chacun sait, il ignore le temps. Qu'il retourne à la classe de grammaire pour distinguer le temps de la chronologie, les "formes d'aspect" qui envisagent ce qu'y devient le sujet, de celles qui situent l'énoncé sur la ligne des événements. Elle ne confondra pas alors le sujet de l'accompli avec la présence du passé. »

Repérer les effets du temps comme scansion, et produire ainsi, dans un effet d'après-coup, que ce qui était avant trouve sa place comme ce qui aura été (= futur antérieur du « sujet de l'accompli »), est l'axe d'avancée dans la cure. Cette conception du temps comme scansion implique de produire **une nouvelle définition de l'inconscient, désormais dégagé de toute substantification ontologique**. Ce pas, Lacan l'accomplit quatre ans après ses remarques sur la distinction durée-temps. En 1964, dans son séminaire XI, Lacan définira l'inconscient comme discontinuité (repéré chez Freud comme discontinuité entre perception et conscience). Ce qui apparaît dans la fente qu'est l'inconscient semble être destiné à se dérober, à disparaître. L'inconscient devient l'*évasif*, « structure » temporelle, soit un temps logique qui s'oppose à un temps substance des choses. Lacan nomme cette logique comme étant celle du *Odd* – de l'impair.

Cette *Enstellung* où se conjuguent, voire se déclinent, en une structure temporelle, pulsative, foncièrement discontinue, les positions subjectives de l'être, est distorsion essentielle. La séance courte se situe explicitement à ce point de la définition de l'inconscient. Ne pas se priver de la durée variable des séances ne prend valeur que rapporté à ces deux thèses freudiennes construites par Lacan : hétérotopie du temps et de la durée, hétérotopie de l'inconscient et de l'ontologie. Si l'inconscient est une structure qui se construit dans un battement de fente, dans l'apparition évanouissante entre deux points, dans le moment élusif ou dans une fonction pulsative, alors la durée de la séance ne peut plus être fixe. L'inconscient a la structure d'une béance. C'est à ce titre que l'inconscient est temps. **La séance courte se déduit de cette définition de l'inconscient.** Elle est une conséquence clinique tirée d'une position de doctrine.

Lacan est un auteur difficile qui mobilise des champs entiers du savoir universel. Il ne peut se lire et se comprendre par une lecture rapide. Son œuvre écrite est disponible dans ses *Écrits* (parus en 1966) et ses *Autres écrits*. Son enseignement oral, son *Séminaire*, qu'il tenait, année après année, chaque semaine, est constitué de vingt-cinq livres. Quinze ont été publiés (le texte étant établi par Jacques-Alain Miller selon la volonté de Lacan). Pour notre *Comprendre Lacan*, une unique balise : lire Lacan, revenir à ses formulations, à ses schémas, à ses reprises. Pour ce faire, un outil est indispensable. Depuis plus de trente ans, **Jacques-Alain Miller** (né en 1944) a assuré un cours, dans le cadre du département de psychanalyse de l'Université Paris VIII, fondé par Lacan, et qu'il dirige, sous le titre : *L'orientation lacanienne*. Ce cours évite l'errance dans l'enseignement de Lacan et permet de saisir comment *Lacan pense contre Lacan*. Voici, dans les quatorze chapitres qui suivent, quelques occurrences de cet enjeu, qui est celui de la possibilité même de la psychanalyse.

1
Le miroir

En août 1936, le jeune Jacques Lacan présente, au XIVᵉ Congrès psychanalytique international, une communication sur le *stade du miroir*. En juillet 1949, il revient sur ce thème lors du XVIᵉ Congrès. **Le stade du miroir signe l'entrée de Lacan dans la communauté psychanalytique.** Que, treize ans après sa première intervention, il choisisse à nouveau d'y faire référence, n'est pas un hasard. Lacan tient là un concept clé pour rassembler une multitude de faits, recueillis par la psychanalyse, qui vont du corps morcelé à l'agressivité en passant par les passions humaines, sans oublier l'aliénation que la folie, et notamment la paranoïa, dénude. Le stade du miroir ordonne un comportement, décrit par les psychologues, en dégageant le mécanisme psychique (et libidinal) à l'œuvre : dès l'âge de six mois, l'enfant reconnaît son image dans le miroir et une « mimique illuminative » signe cette reconnaissance. L'enfant reproduit cette scène – preuve qu'elle garde, pour lui, une forte valeur ludique jusque vers dix-huit mois. Lacan lui donne une valeur d'« événement » : « [...] sa répétition a souvent arrêté notre méditation devant le spectacle saisissant d'un nourrisson devant le miroir, qui n'a pas encore la maîtrise de la marche, voire de la station debout, mais qui, tout embrassé qu'il est par quelque soutien humain ou artificiel [...], surmonte en un affairement jubilatoire les entraves de cet appui, pour suspendre son attitude en une position plus ou moins penchée, et ramener, pour la fixer, un aspect instantané de l'image. » Quel est le « dynamisme libidinal » en jeu dans cette description ? Lacan y lit une identification – « à savoir la transformation produite chez le sujet, quand il assume une image [...] ». Par cette identification, l'*infans* (qui n'a pas encore la parole) obtient une unité, une forme globale, alors qu'il fait l'épreuve, dans son corps, d'une incoordination motrice le situant dans une dépendance vitale (le petit d'homme est un prématuré). Cette image, c'est lui ! La jubilation signe la réussite de cette *Gestalt* (forme) unifiée qui marque une autonomie. À l'impuissance éprouvée, se substitue la maîtrise que l'image du corps propre lui restitue comme anticipée. Lacan voit dans cette phase la construction du *moi* ouvrant aux identifications secondaires qui émailleront la vie du sujet.

Mais, point déterminant, le moi n'est pas le sujet. Le moi et le sujet ne peuvent se superposer ni fusionner. Il y a échec. Le sujet trouve sa fonction dans le langage et la parole

qui le particularise[1]. Le moi s'objectalise dans le procès d'identification : il est une fiction « [...] qui ne rejoindra qu'asymptotiquement le devenir du sujet, quel que soit le succès des synthèses dialectiques par quoi il doit résoudre en tant que *je* sa discordance d'avec sa propre réalité ». Le moi, construit au miroir, porte cette aliénation. Lacan précise : cette *Gestalt* « est grosse encore des correspondances qui unissent le *je* à la statue où l'homme se projette comme aux fantômes qui le dominent, à l'automate enfin où dans un rapport ambigu tend à s'achever le monde de sa fabrication ». À s'identifier à son image, l'*infans* se fige en cette forme prise dans un jeu duel qui se répandra sur les *alter ego* rencontrés. Le transitivisme trouve, dans cette structure aliénante, son ressort : l'enfant qui bat dit avoir été battu ; l'enfant qui voit l'autre enfant tomber pleure. La catégorie du mensonge est vaine pour rendre compte de ces faits. L'enfant ne ment pas ; au contraire, il livre cette vérité imaginaire où l'autre, c'est lui. Tel est « le drame de la jalousie primordiale ».

Au miroir, il y a inversion et réciprocité. Le passage de l'un à l'autre semblable est incessant. Le stade du miroir ne se réduit pas à cette seule description des faits chez l'enfant. Il n'est pas un stade développemental comme la psychologie aime les décrire. Il isole l'instance du *moi* où le narcissisme

---

1. Voir les chapitres « L'Autre » et « Le sujet ».

trouve sa place et sa puissance de contrainte. Le sujet parlant ne cessera d'en porter les traces et les effets. **L'aliénation imaginaire ne disparaîtra pas et se retrouvera toutes les fois où l'inertie vient fixer la libido sur une image.**

« Le stade du miroir est un drame dont la poussée interne se précipite de l'insuffisance à l'anticipation – et qui pour le sujet, pris au leurre de l'identification spatiale, machine les fantasmes qui se succèdent d'une image morcelée du corps à une forme […] orthopédique de sa totalité, – et à l'armure enfin assumée d'une identité aliénante, qui va marquer de sa structure rigide tout son développement mental. » Ainsi peut se comprendre ce que les rêves montrent au dormeur lorsqu'ils virent aux cauchemars : scènes de mutilations, démembrements, coupures et autres désintégrations de l'unité corporelle. Ces *membra disjecta* signent ce moment où l'image du corps ne tient plus, laissant apparaître ce qu'elle avait unifié, mais de façon précaire et instable. Le symptôme hystérique l'actualise avec sa cartographie anatomique imaginaire qui suit les trajets sémantiques plus que les connexions neurologiques. L'obsessionnel, lui non plus, n'y échappe pas lorsque son inconscient livre le château, véritable camp retranché, auquel il s'identifie avant que les ennemis ne le mettent à bas. Le moi, constitué au miroir, se découvre pour ce qu'il est : par lui, le sujet obtient une valence d'être, un lestage, qui lui viennent d'une image qui n'est pas lui et dont il veut croire qu'elle est lui pleinement – **c'est la captation imaginaire.** La temporalité du miroir est

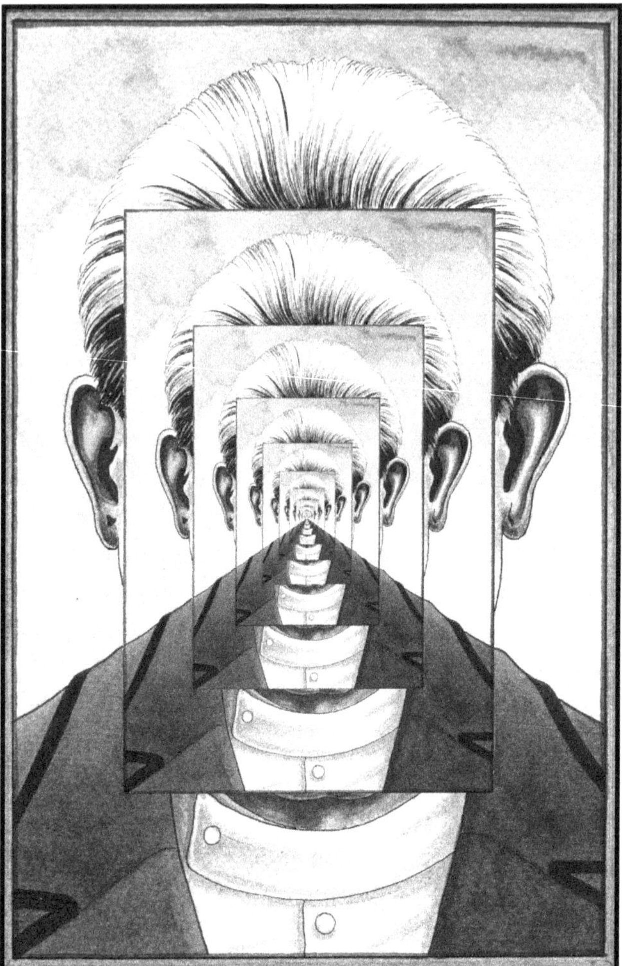

un présent éternisé dont toute sortie est récusée. La statique spatiale se substitue à la scansion temporelle. Les jeux du miroir sont infinis, toujours métonymiques, sans issue. La mort n'est pas très loin, comme l'illustre le mythe de Narcisse : **la passion de l'image annule le sujet jusqu'à lui faire perdre sa vie. Le moi est porteur de cette mort.**

Un exemple de Lacan, tiré de son article de 1948, « L'agressivité en psychanalyse », déplie cette logique mortifère. Quel est ce moment où surgit l'agressivité – que le sujet l'adresse à un autre ou la retourne sur lui-même comme dans le suicide ? « L'agressivité est la tendance corrélative d'un mode d'identification que nous appelons narcissique et qui détermine la structure formelle du moi de l'homme et du registre d'entités caractéristique de son monde. » L'agressivité résulte de cette tension où l'autre dépossède le sujet de sa vie au profit de cette identification qui le fixe et le mortifie. Un *toi ou moi* surgit : *si c'est toi, alors, je ne suis pas ; si c'est moi, alors tu n'es pas et je dois te détruire !* La conclusion de Lacan tombe : « C'est pourquoi jamais […] le moi de l'homme n'est réductible à son identité vécue ; et dans les disruptions dépressives des revers vécus de l'infériorité, engendre-t-il essentiellement les négations mortelles qui le figent dans son formalisme. "Je ne suis rien de ce qui m'arrive. Tu n'es rien de ce qui vaut." »

Contrairement aux positions des postfreudiens (ainsi l'*Ego psychology*), **le moi ne peut être l'instance sur laquelle**

Like

la conduite d'une psychanalyse s'appuie. Tenter de le faire ignore la méconnaissance et le *je n'en veux rien savoir* qui la sous-tendent. Dès la fin des années quarante, Lacan refuse fermement de faire du moi, parce que illusoire, une boussole pour la clinique. **Le moi est même ce qui fait obstacle à une cure** et à son seul médium : la parole qui s'y déploie. En 1955, il écrit : « Il n'y a jamais un sujet sans moi […], mais c'est bien ce qu'il faut viser à obtenir toujours du sujet en analyse. »

<h1 style="text-align:center">2
L'Autre</h1>

Si le *moi* est un objet imaginaire qui ne peut servir d'appui pour la conduite de la cure, quelle boussole trouver pour que la psychanalyse soit encore vivante, ou même simplement possible ? Cette question est celle de Lacan dès le début des années 1950 et elle conditionne son retour à Freud. Le concept d'*Autre* (à lire : grand Autre) répond à cet enjeu clinique.

Pour Lacan, l'orientation des postfreudiens, en promouvant une visée adaptative du moi à la réalité, s'est construite sur l'oubli de la découverte de Freud. Retournant aux textes du maître viennois, qu'il lit en allemand, qu'y découvre-t-il ? Dans son long article « Fonction et champ de la parole et du langage en psychanalyse » (1953), il écrit : « Qu'elle se veuille agent de guérison, de formation ou de sondage, la psychanalyse n'a qu'un médium : la parole du patient. » Voilà ce que les postfreudiens ont laissé de côté ! **Mais qu'est-ce qu'une parole ?** « […] il n'est pas de parole sans réponse, même si elle ne rencontre que le silence, pourvu qu'elle ait un auditeur, et que c'est là le cœur de sa fonction dans l'analyse. » Si le psychanalyste l'oublie dans sa pratique, l'impasse aussitôt surgit : « Mais si le psychanalyste ignore qu'il en va ainsi de la fonction de la parole, il n'en subira que plus fortement l'appel, et si c'est le vide qui d'abord s'y fait entendre, c'est en lui-même qu'il l'éprouvera et c'est au-delà de la parole qu'il cherchera une réalité qui comble ce vide. » La théorie du moi sert justement à combler ce vide méconnaissant ce qu'est l'adresse d'une parole. Lacan ira même jusqu'à écrire, en 1955, dans *Les psychoses* : « Authentifier ainsi tout ce qui dans le sujet est de l'ordre de l'imaginaire, c'est à proprement parler faire de l'analyse l'antichambre de la folie [...] »

Lacan distingue la *parole vide* et la *parole pleine*. La première est celle du discours imaginaire où se déploient les ruses du narcissisme. Le sujet parle mais le discours qu'il tient est celui de la méconnaissance : « [...] le sujet se fait objet dans la parade du miroir, [...] à atteindre même en cette image sa plus parfaite ressemblance, ce serait encore la jouissance de l'autre qu'il y ferait reconnaître. » D'où la « déviation autant pratique que théorique » des analystes qui fait réponse à cette parole vide par la théorie du moi : renforçant le moi du patient, ils intensifient cette aliénation où le sujet est dépossédé de sa vérité au profit de la statue qu'il s'est construite dans l'imaginaire. « Tout au contraire l'art de l'analyste doit être de suspendre les certitudes du sujet, jusqu'à ce que s'en consument les derniers mirages. Et c'est dans le discours que doit se scander leur résolution. »

La seconde, la parole pleine, fait surgir le sujet dans ses effets de vérité : « Soyons catégorique, il ne s'agit pas dans l'anamnèse psychanalytique de réalité, mais de vérité, parce que c'est l'effet d'une parole pleine de réordonner les contingences passées en leur donnant le sens des nécessités à venir, telles que les constitue le peu de liberté par où le sujet les fait présentes. » La parole pleine est interlocution avec l'autre qui est, lui aussi, sujet de la vérité : « Il s'agit en effet non pas de passage à la conscience, mais de passage à la parole, n'en déplaise à ceux qui s'obstinent à lui rester bouchés, et il faut que la parole soit entendue par quelqu'un là où elle ne pouvait même être lue par personne : message dont le chiffre est perdu ou le destinataire mort. » **Seule une telle orientation permet de sortir de la « confusion » qui régnait dans la psychanalyse des années 1950.**

Le coup de génie (nous mesurons l'emploi du terme) de Lacan est de tirer de ce constat de l'efficience de la psychanalyse, dans la seule parole pleine prise dans le discours symbolique, une définition de l'*inconscient* qui n'avait jamais été envisagée.

Pour cela, il lit les formations de l'inconscient dégagées par Freud (rêves, lapsus, mots d'esprit, actes manqués, symptômes hystériques et obsessionnels) avec l'outil de la linguistique moderne créée par Ferdinand de Saussure (contemporaine de Freud quoique inconnue de lui : années 1906-1911) et notam-

ment le concept de signe. Ce dernier est une unité biface nouant le signifiant (image acoustique) et le signifié (représentation mentale/concept). « Un jour, je me suis aperçu qu'il était difficile de ne pas entrer dans la linguistique à partir du moment où l'inconscient était découvert », dira-t-il en 1972 devant le linguiste Jakobson. Lacan accorde au signifiant une valeur primordiale et fait du signifié un effet des jeux entre les signifiants. Il y a une suprématie du signifiant sur le signifié : « Seule la psychanalyse est en mesure d'*imposer à la pensée* cette primauté en démontrant que le signifiant se passe de toute cogitation [...] », écrit Lacan en 1956. **En 1972, il nomme « linguisterie » son usage de la linguistique saussurienne qu'il utilise pour tirer des conséquences de la subversion freudienne.** C'est-à-dire que, pour Lacan, tout ce qui est du langage ne relève pas de la linguistique. Le nouage du langage et de l'inconscient est l'enjeu spécifique de la « linguisterie » du psychanalyste.

Que devient la définition de l'inconscient ? « L'inconscient est cette partie du discours concret en tant que transindividuel, qui fait défaut à la disposition du sujet pour rétablir la continuité de son discours conscient. [...] L'inconscient est ce chapitre de mon histoire qui est marqué par un blanc ou occupé par un mensonge : c'est le chapitre censuré. Mais la vérité peut être retrouvée ; le plus souvent déjà elle est écrite ailleurs. » L'inconscient n'est pas un bric-à-brac fait d'éléments hétérogènes mais un ordre dont les éléments discrets qui l'agencent

sont justement les signifiants. Lacan en fait même une structure – cette structure que le langage, suivant Saussure, démontre, puisque le signifiant en tant que tel ne signifie rien. Il est pure différence, que Lacan écrit : S1 – S2. La conséquence tombe : « […] tout phénomène qui participe du champ analytique, […] de ce à quoi nous avons affaire dans le symptôme et dans la névrose, est structuré comme un langage. » Lacan ne dit pas que l'inconscient est un langage mais que ce qui le structure (les jeux signifiants) relève, comme le langage, d'une structure.

Le concept d'Autre sert à Lacan pour désigner ce « […] *lieu où se constitue le je qui parle avec celui qui entend.* Je dis cela à la suite de quelques remarques sur le fait qu'il y a toujours un Autre au-delà de tout dialogue concret, de tout jeu interpsychologique ». La formule de 1953 :

« l'inconscient est le discours de l'autre », peut désormais, en 1955, s'écrire : « l'inconscient est le discours de l'Autre ». **Cet Autre n'est jamais réductible au même. Il est altérité radicale.**

Le schéma (souvent reproduit) qui suit précise cette logique :

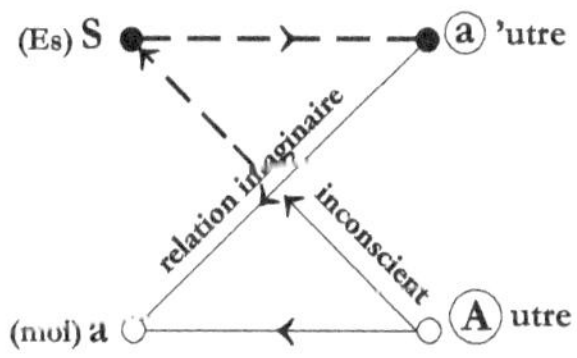

Ce schéma, daté de 1955, « […] figure l'irruption de la parole pleine entre le sujet et l'Autre, et son détour par les deux moi, *a* et *a'*, et leurs relations imaginaires ». Il permet même de construire une clinique différentielle : « […] la condition du sujet S (névrose ou psychose) dépend de ce qui se déroule en l'Autre A. »

Ce concept d'Autre se retrouve tout au long de l'enseignement de Lacan mais non sans changement. **À partir des années 1970, l'Autre sera décrit comme logiquement inconsistant** et Lacan inventera le signe S(A) pour l'écrire : « Par là, j'ai ajouté une dimension à ce lieu du A, en montrant que comme lieu il ne tient pas, qu'il y a là une faille, un trou, une perte. » Si l'Autre n'existe pas comme complet, s'il est barré, la problématique change : l'Autre n'est plus l'Autre préalable du signifiant, c'est l'Autre comme corps sexué et jouissant qui surgit. Cette déconstruction progressive de l'Autre (« il n'y a pas d'Autre de l'Autre », martèle Lacan), se lisant page après page dans le *Séminaire*, entraînera des conséquences qui obligeront Lacan à inventer de nouveaux concepts : l'objet *a*, la jouissance, le réel… Ces inventions, qui bouleverseront la clinique et sa théorie, sont toujours à rapporter à cette déconstruction de l'Autre comme garantie apriorique.

3
Le sujet

Le mot de *sujet* se retrouve à chaque page des textes de Lacan. Son usage constant lui donne une familiarité qui est trompeuse pour le lecteur. Le sujet, en effet, n'est pas la personne ni l'individu ni le patient concret reçu dans le dispositif de la cure. Il n'est pas le *moi* où se construit, par identification, une unité imaginaire où règnent illusion et méconnaissance. Le sujet n'a pas de poids, pas d'organisme, pas d'image, pas d'âge. Impossible de le saisir au creux de la main ou de s'approprier son reflet. Mais qu'est-il ? **Il est un effet de la chaîne signifiante, S1 – S2, où il est représenté.** « Déterminé par le langage et la parole, cela veut dire que le sujet, *in initio*, commence au lieu de l'Autre, en tant que là surgit le premier signifiant. » Le sujet n'est donc pas premier. Il faut l'Autre préalable du langage pour qu'il puisse advenir. Une conséquence . le sujet ne peut être cause de soi.

La définition princeps de Lacan est la suivante : *un signifiant est ce qui représente un sujet pour un autre signifiant.*

Au sens strict, le sujet n'est pas présent dans la chaîne, mais représenté par un *tenant-lieu*, le signifiant toujours différentiel par structure. Lacan propose ce schéma :

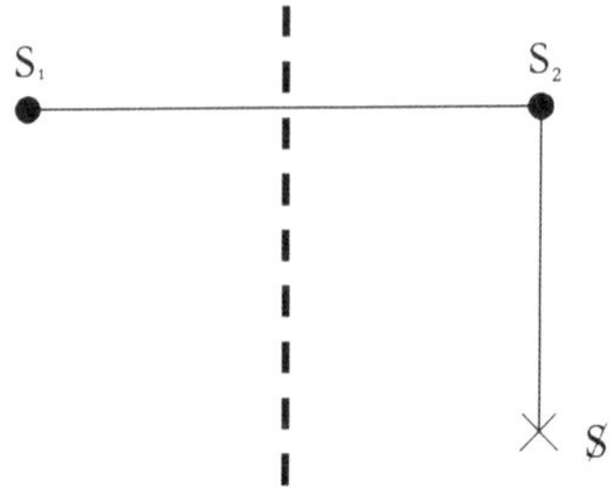

À cette définition, il donne le statut d'« axiome » et l'illustre ainsi en 1964 : « [...] supposez que vous découvrez dans le désert une pierre couverte de hiéroglyphes. Vous ne doutez pas un instant qu'il y a eu un sujet derrière pour les inscrire. Mais croire que chaque signifiant s'adresse à vous, c'est une erreur – la preuve en est que vous pouvez n'y rien entendre. Par contre vous les définissez comme signifiants, de ce que vous êtes sûr que chacun de ces signifiants se rapporte à chacun des autres. Et c'est de cela qu'il s'agit dans le rapport du sujet au champ de l'Autre. » Le sujet n'est pas définitivement chiffré dans la chaîne signifiante. Au contraire, il suit les trajets, voire les labyrinthes, des jeux signifiants. **Le sujet est porté par le langage comme un bouchon dans les remous d'une rivière.** Il est déterminé, voire surdéterminé, par le signifiant puisque les chaînes langagières font circuits logiques, même si chacun, à partir de son moi, n'y voit qu'embrouillaminis sans queue ni tête. Le signifiant dans l'inconscient, en effet, n'est pas ouvert à tous les sens. « Accorder cette priorité au signifiant sur le sujet, c'est, pour nous, tenir compte de l'expérience que Freud nous a ouverte, que le signifiant joue et gagne, si nous pouvons dire, avant que le sujet s'en avise, au point que dans le jeu du *Witz*, du mot d'esprit, par exemple, il surprenne le sujet. Par son flash, ce qu'il éclaire, c'est la division du sujet d'avec lui-même », écrit Lacan en mars 1964 dans « Position de l'inconscient ». C'est en cela qu'il y a subversion : le sujet n'est pas maître chez lui.

Le sujet ne peut trouver, dans le langage, le signifiant qui, enfin, lui livrerait son être sans discussion possible – un *C'est ça* qui lui donnerait consistance définitive. Il manquera toujours de cette détermination ontologique qu'il peut rechercher et implorer de ses vœux secrets. Le sujet est manque-à-être. Ce que Lacan écrit $ (à lire : grand S barré) – la barre indiquant son défaut d'être. Cette construction du sujet divisé, $, a une conséquence pour la clinique psychanalytique, comme le rappelle Lacan en 1958 dans son article « D'une question préliminaire à tout traitement possible de la psychose ». C'est sur ce sujet-là qu'elle produit ses effets :

Le sujet [...], commence l'analyse en parlant de lui sans vous parler à vous, ou en parlant à vous sans parler de lui. Quand il pourra vous parler de lui, l'analyse sera terminée.
Je me dis, donc je suis... Que suis-je là ?
...

« Car c'est une vérité d'expérience pour l'analyse qu'il se pose pour le sujet la question de son existence [...] en tant que question articulée : "Que suis-je là ?", concernant son sexe et sa contingence dans l'être, à savoir qu'il est homme ou femme d'une part, d'autre part qu'il pourrait n'être pas [...] » Or, ces interrogations posées par le sujet sont à saisir « [...] au titre d'éléments du discours particulier, où cette question dans l'Autre s'articule ». Une direction s'en déduit pour la cure : « Car c'est parce que ces phénomènes s'ordonnent dans les figures de ce discours qu'ils ont fixité de symptômes, qu'ils sont lisibles et se résolvent quand ils sont déchiffrés. » Le sujet barré, c'est donc le sujet de la séance analytique, et ce qui lui est couplé : le moi, le symptôme, le fantasme, l'objet, etc. Il est analysable parce que articulé au lieu de l'Autre.

À être représenté par un signifiant, le sujet en est mortifié. Cette mortification est l'effet du langage lui-même. Son être de vivant est converti, par le langage, à advenir comme sujet. Lacan martèle le drame de celui qui habite le champ du langage et de la parole : « Le sujet naît en tant qu'au champ de l'Autre surgit le signifiant. Mais de ce fait même, cela – qui, auparavant, n'était rien, sinon sujet à venir – se fige en signifiant. [...] Le sujet, c'est ce surgissement qui, juste avant, comme sujet, n'était rien, mais qui, à peine apparu, se fige en signifiant. » Le mouvement est double : le sujet surgit du battement entre deux signifiants et c'est son être de vivant qu'il perd, et il se fige sous des signifiants qui le représentent sans jamais lui livrer son être. « Le signifiant se produisant au champ de l'Autre fait surgir le sujet de sa signification. Mais il ne fonctionne comme signifiant qu'à réduire le sujet en insistance à n'être plus qu'un signifiant, à le pétrifier du même mouvement où il l'appelle à fonctionner, à parler, comme sujet », ajoute Lacan, toujours en 1964, dans son séminaire XI. C'est pourquoi le sujet est divisé, refendu. Il disparaît, s'éclipse et, pour le dire, Lacan reprend un mot de Jones : l'*aphanisis*. « Il n'y a pas de sujet sans, quelque part, *aphanisis* du sujet, et c'est dans cette aliénation, dans cette division fondamentale, que s'institue la dialectique du sujet. » Il parlera également de *fading*.

Dans ce même séminaire XI, Lacan isole deux opérations essentielles pour définir le rapport du sujet à l'Autre. La première, c'est l'*aliénation* qui consiste dans ce *ou* (en latin *vel*) faisant apparaître le sujet d'un côté comme sens produit par le signifiant, et de l'autre comme *aphanisis* (= disparition). Voici un exemple : *La bourse ou la vie !*, comme cela se dit dans les films de brigands. « Si je choisis la bourse, je perds les deux. Si je choisis la vie, j'ai la vie sans la bourse, à savoir, une vie écornée. » Quel que soit le choix du sujet, il résulte un *ni l'un, ni l'autre* : « Le choix n'y est donc pas de savoir si l'on entend garder une des parties, l'autre disparaissant en tout cas. » De même, *La liberté ou la vie !* Choisir la liberté, c'est perdre la vie, donc la liberté aussi. Choisir la vie, c'est la vie sans la liberté – une vie d'esclave ou de prisonnier.

La seconde opération est la *séparation*. Pour la faire saisir à ses lecteurs, Lacan utilise la figure de l'enfant qui, face au discours de l'Autre, s'interroge : *il me dit ça, mais qu'est-ce qu'il veut ?* Un manque est, par le sujet, rencontré dans l'Autre. Autrement dit, qu'en est-il du désir de l'Autre qui glisse, tel le furet, entre les signifiants ? « Le désir de l'Autre est appréhendé par le sujet dans ce qui ne colle pas, dans les manques du discours [...] » Une dialectique s'enclenche. Le sujet enfant, pour questionner l'objet inconnu du désir parental, peut jouer de sa propre perte : « *Veut-il me perdre ?* Le fantasme de sa mort, de sa dispa- rition, est le premier objet que le sujet a à mettre en jeu dans cette dialectique [...] » Comme conclut Lacan : « Un manque recouvre l'autre. »

Poser la catégorie du sujet ouvre à la dialectique intersubjective avec cet Autre, soit à « la dialectique des objets du désir ». Parce que né au champ de l'Autre, le sujet n'est ni seul, ni autonome – à la différence du moi.

4
Le Nom-du-Père

Le Nom-du-Père ne désigne pas le patronyme de monsieur X ou Y lorsqu'il a des enfants, mais le père symbolique : « C'est bien ce qui démontre que l'attribution de la procréation au père ne peut être l'effet que d'un pur signifiant, d'une reconnaissance non pas du père réel, mais de ce que la religion nous a appris à invoquer comme le Nom-du-Père », écrit Lacan en 1958. **Le père symbolique est le père mort accédant au statut de signifiant** : « Nul besoin d'un signifiant bien sûr pour être père, pas plus que pour être mort, mais sans signifiant, personne, de l'un ni de l'autre de ces états d'être, ne saura jamais rien. » Dès 1953, dans son « Rapport de Rome », Lacan écrivait : « C'est dans le nom du père qu'il nous faut reconnaître le support de la fonction symbolique qui, depuis l'orée des temps historiques, identifie sa personne à la figure de la loi. » Dans son séminaire *Les psychoses*, en 1954-1955, il donnera à ce concept toute sa puissance puisqu'il en fait ce par quoi l'ordre symbolique se maintient debout – il est son garant. Ce Nom-du-Père, Lacan dit le tenir de Freud et de la fonction qu'il lui attribue dans la vie psychique au moment de la phase phallique et du complexe de castration : « […] la nécessité de sa réflexion [celle de Freud] l'a mené à lier l'apparition du signifiant du Père, en tant qu'auteur de la Loi, à la mort, voire au meurtre du Père […] le Père symbolique en tant qu'il signifie cette Loi est bien le Père mort. » Bref, le Nom-du-Père est le « signifiant qui dans l'Autre, en tant que lieu du signifiant, est le signifiant de l'Autre en tant que lieu de la loi ».

Une des preuves démontrant cette fonction du père est la psychose. Au-delà de ses manifestations où se répartissent les catégories psychiatriques (schizophrénie, paranoïa, manie, mélancolie, etc.), **la psychose résulte d'une opération psychique que Lacan nomme forclusion** (traduisant le mot freudien de *Verwerfung* à propos du cas de l'Homme aux loups) et qui porte justement sur le Nom-du- Père. « C'est dans un accident […], à savoir la forclusion du Nom-du-Père à la place de l'Autre […] que nous désignons le défaut qui donne à la psychose sa condition essentielle, avec la structure qui la sépare de la névrose. » L'ordre symbolique s'écroule, l'insensé y surgit.

Voici un exemple tiré de la clinique des psychoses. Quid de l'*hallucination* ? Elle désigne ce moment où la réalité se met à parler toute seule. Pour l'expliquer, il faut partir de la thèse de Lacan : « Le sujet psychotique ignore la langue qu'il

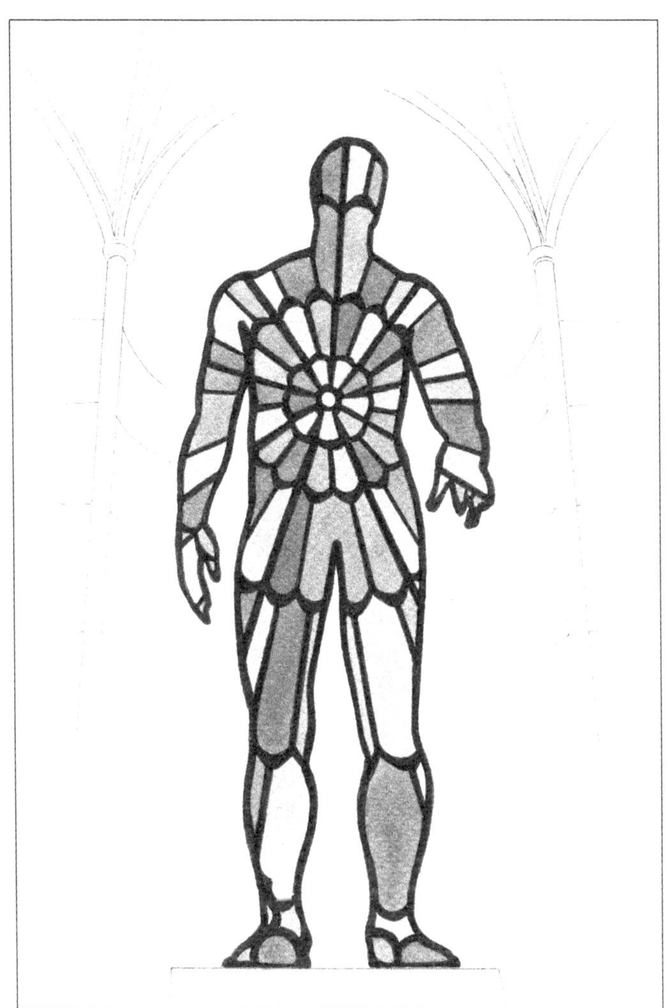

parle », de par la forclusion. Ce qui est refusé dans le symbolique, et donc ne s'y inscrit pas, ne laisse pas tranquille le sujet : il fait retour dans le réel (la réalité *hic et nunc*). Autrement dit : « […] toute assomption de la castration par un je [est] devenue impossible. » Le forclos n'est plus articulé dans la réalité psychique.

Dans l'*hallucination auditive*, le sujet entend des voix (ou des bruits, des sons). **Est-ce que la réalité au-dehors n'est que le décor construit par ce qui est sorti du dedans, par projection ?** La réponse est négative. Ainsi cette jeune paranoïaque vue lors d'une présentation de malades par Lacan, et qui livre le mot qu'elle a entendu, de la bouche de l'amant de sa voisine dont elle se croit persécutée : *truie*. Doit-on appliquer à cette hallucination la thèse sur la communication intersubjective où le sujet reçoit son propre message, de l'Autre, sous une forme inversée ? Et ce, d'autant plus que cette patiente, lors de la rencontre avec le malotru, lui a dit : *je viens de chez le charcutier*. Voilà l'erreur à ne pas commettre. La psychose n'est pas la névrose (ni la perversion) et, dans la première, le sujet ne reçoit pas de l'Autre son propre message. Parce que *truie* est une hallucination, c'est la réalité concrète qui parle. Ce mot fait retour dans le réel. C'est sa propre parole qui résonne dans cet autre. Le monsieur rencontré, qui est elle-même, devient son reflet dans le miroir. L'autre se réduit à une marionnette imaginaire et l'Autre est court-circuité. Cette hallucination, *truie*, ne surgit pas au hasard. « Cet autre à qui elle parle, elle lui dit d'elle-même – Moi la truie, je viens de chez le charcutier, je suis déjà disjointe, corps morcelé, *membra disjecta*, délirante, et mon monde s'en va en morceaux, comme moi-même. » C'est la structure de l'*allusion*.

Une autre voie pour penser l'hallucination est la distinction du percipiens et du perceptum. Lacan récuse toutes les théories qui, à partir de ce binôme, prétendent penser la réalité. L'hallucination est un *perceptum* sans objet, y lit-on. La tradition phénoménologique prétend demander au *percipiens* (= le percevant) raison de son *perceptum* (= le perçu). Le sujet de la perception est convoqué pour expliquer l'importance de cette perception. Il y a, à pratiquer ainsi, une évidence empirique. Le *percipiens* se tiendrait au niveau de la réalité concrète. Il se trouve impliqué dans le *perceptum* et il saisit la réalité à partir des sens (= le *sensorium*). La rencontre de ce *percipiens* ainsi conçu et de la réalité constitue le *perceptum*. Lacan prend le contre-pied de cette thèse : le *perceptum* a une structure qui lui est propre ; il est structuré par le langage. Il s'agit, dans l'hallucination, de demander raison au *perceptum* lui-même et d'accorder une dimension de vérité au sujet qui le décrit. Que le *perçu* soit ordonné par le signifiant se vérifie, par exemple, dans ces moments subjectifs d'entrée dans la schizophrénie où le sujet témoigne du monde qui se désinvestit au point où son corps lui devient énigme et son sentiment de vie, perplexité.

Accorder prix au témoignage de l'halluciné, c'est affirmer la présence d'un sujet relatif à ce *perceptum*. Il y a une primarité logique du *perceptum* qui n'est rien d'autre que la primarité du signifiant d'où procède le sujet. Il y a d'abord l'Autre, puis le sujet. Dans une telle optique, le clinicien ne met plus en cause le *perceptum* ; il lui reconnaît une objectivité tissée dans le témoignage du psychotique. Poser la primarité du *perceptum* structuré par le signifiant implique que le sujet du *percipiens* n'est plus une unité autonome et stable. Un sujet invariable est un préjugé aux implications cliniques fausses. Le sujet percevant se trouve subverti par les effets signifiants de la structure du *perceptum*. L'hallucination n'est pas un mirage, une illusion. Le sujet n'est plus l'instance qui réalise (= s'il est normal) ou pas (= s'il est fou) une synthèse de la perception, il est devenu sujet de l'inconscient, non superposable à lui-même, divisé par la parole énoncée ou qui lui vient comme hallucination.

En 1963, Lacan débute son séminaire sous le titre *Les Noms du Père*. Il n'en prononcera que la première séance. Exclu de l'Association psychanalytique internationale, il ne le poursuivra pas. Il le reprend en 1973 en jouant sur les mots : *Les non-dupes errent*. Mais le concept n'a plus la même place dans sa doctrine. Lacan construit l'Autre comme trou : il n'y a pas d'Autre de l'Autre. **Le Père perd donc cette place de redoubler l'Autre en le garantissant.** C'est moins l'Autre garanti par la Loi que l'Autre troué, l'Autre qui n'existe pas.

Le Père est pluralisé : le Nom-du-Père, « il peut y en avoir un nombre indéfini », dit-il dans *R.S.I.* en avril 1975. La logique du nœud borroméen[1] fait du père le quatrième nœud qui tient les nœuds du réel, du symbolique et de l'imaginaire. Le Père devient même équivalent à la nomination : il est celui qui nomme ! Ce changement de définition va de pair avec la fin de l'Autre comme préalable du signifiant. Une nouvelle thèse a émergé dans le séminaire *Encore* : celle d'un *il y a*. Quoi ? La jouissance[2]...

---

1. Voir le chapitre « Le nœud borroméen ».
2. Voir le chapitre « Le corps ».

5
Le phallus

La découverte de Freud, que son article de 1923
« L'organisation génitale infantile » systématise, est que
l'inconscient ignore la différence des sexes et que, quant
à la jouissance, rien n'y répond, sinon le phallus.

Freud notait : « [...] pour les deux sexes, un seul organe
génital, l'organe mâle, joue un rôle. Il n'existe donc pas un
primat génital, mais un primat du phallus. [...] Dans tout cela
[les théories sexuelles infantiles], l'organe génital féminin
semble n'être jamais découvert. » Ce que Lacan reprend explicitement en 1972 : « Le sexe corporel de la femme ne dit rien à
l'homme. » **C'est le phallocentrisme de l'inconscient.**
Dans son séminaire III, *Les psychoses*, en 1958, Lacan fait du
phallus un objet imaginaire (c'est le *petit phi*, noté : – φ) pris
dans la dialectique entre la mère et l'enfant. Dans les
séminaires qui suivent – séminaires IV à VIII –, Lacan
construira le phallus autrement en faisant de lui un signifiant.
Il sera le signifiant de l'amour et du désir. À ce titre, le concept

de phallus donne la raison de l'interdiction portée sur la jouissance. En 1958, dans « La signification du phallus », Lacan écrit : « Le phallus est le signifiant privilégié de cette marque où la part du logos se conjoint à l'avènement du désir. [...] le sujet ne désigne son être qu'à barrer tout ce qu'il signifie [...] » Le phallus inscrit le « sacrifice » qu'implique pour tout parlant, quant au sexe, la marque de cette interdiction posée sur la jouissance comme condition du désir. Le signifiant du phallus (c'est le *grand phi*, noté : Φ) écrit, dans l'Autre, cette place de la jouissance interdite, incompatible avec le signifiant. Ce sacrifice qu'il inscrit dans l'Autre a pour nom *castration*.

Voici un exemple clinique. Toujours en 1958, dans « La direction de la cure et les principes de son pouvoir », Lacan décrit la levée d'un symptôme obsessionnel de paralysie psychique rendue possible par un changement de position quant au phallus. Le patient est connu par son nom d'analysant : *l'homme au tour de bonneteau*. « La fonction de ce signifiant [le phallus perdu d'Osiris embaumé] comme tel dans la quête du désir, est bien, comme Freud l'a repéré, la clef de ce qu'il faut savoir pour terminer ses analyses [...] » Un des enjeux de cette longue cure fut de faire reconnaître à ce sujet la place qu'il « [...] a prise dans le jeu de destruction exercée par l'un de ses parents sur le désir de l'autre ». Il voua sa vie à être le supporter de cette modalité du désir parental. La conséquence est l'impuissance psychique : « Il devine l'impuissance où il est de désirer sans détruire l'autre, et par là son désir lui-même en tant qu'il est désir de l'Autre. » C'est son désir lui-même qui est paralysé. C'est le phallus, parce qu'il nomme le manque-à-être de tout sujet, qui ordonne cette logique des pensées sexualisées, à la place des actes, caractéristiques de la névrose obsessionnelle. Mais en tant que tel, il est innommable.

La direction indiquée par Lacan est celle-ci : la position du sujet, dans le tour de bonneteau (jeu de cartes où le partenaire est grugé par le joueur), adressée à son analyste, devenu le gogo à tromper, révèle une « structure du désir ». Le phallus y est impliqué. Quel est ce tour ? Ce patient tente de convaincre Lacan que, désormais d'âge mûr, il est atteint d'une sorte de « ménopause » explicative d'une impuissance sexuelle récente. En adressant ce symptôme à son analyste, il l'accuse en retour d'impuissance thérapeutique à son endroit. **Pratiquement, cet obsessionnel est impuissant avec sa maîtresse. Pour y remédier, il construit un scénario orchestré par un trait voyeuriste** « [...] s'avisant d'user de ses trouvailles sur la fonction du tiers en puissance dans le couple, il lui propose de coucher avec un autre homme, pour voir ». La nuit qui suit cette proposition – avec appel au phallus non défaillant d'un autre, substitut du père – la maîtresse fait un rêve. Au réveil, elle le lui rapporte : « Elle a un phallus, elle en sent la forme sous son vêtement, ce qui ne l'empêche pas d'avoir aussi un vagin, ni surtout de désirer que ce phallus y vienne. » L'effet est immédiat. À l'écoute du rêve, l'obsessionnel retrouve sa puissance et, sur le champ, le prouve virilement à sa maîtresse. Le rêve de la dame a donc un effet interprétatif pour le patient. Le symptôme est interprété et disparaît. Comment l'expliquer ?

Il est à remarquer d'abord que la dame ne rêve pas la réalisation de ce que son amant lui a demandé la veille au soir : pas de tiers dans son scénario qui lui démontrerait sa puissance sexuelle. Ensuite, la dame s'y présente comme castrée : elle a un vagin et désire ardemment que le phallus y vienne. La maîtresse est manquante et c'est ce manque qui conditionne son désir – et la fait rêver. « Outre ce que la femme a rêvé, il y a qu'elle lui en parle. Si dans ce discours elle se présente comme ayant un phallus, est-ce là tout ce par quoi lui est rendue sa valeur érotique ? » La réponse est négative : « [...] d'avoir un phallus en effet ne suffit pas à lui restituer une position d'objet [...] » cause du désir. **Ce que dénoue ce rêve, c'est la position d'identifica- tion de cet obses- sionnel au phallus** : « Car pour notre patient, ce phallus, rien ne sert de l'avoir, puisque son désir est de l'être. Et le désir de la femme ici le cède au sien, en lui montrant ce qu'elle n'a pas. » Lacan ajoute : voilà « [...] ce que lui *dit* sa maîtresse : que dans son rêve ce phallus, de l'avoir ne l'en laissait pas moins le désirer ».

C'est le manque-à-être de l'homme au tour de bonneteau qui est touché : le manque retrouve ses droits, donc aussitôt le désir, qui en est l'effet. En s'identifiant au signifiant du désir de l'Autre (et de l'amour), l'obsessionnel se fige en la rigidité du cadavre : il est statufié, mort d'une certaine façon.

Ce texte précise la modalité d'identification dont le résultat est : un sujet cadavérisé. Elle équivaut à un « être le phallus ». Il n'est plus le signifiant qui glisse, passe, se transmet : il est gélifié dans l'imaginaire. C'est le phallus ligoté dans la cage narcissique qui fait butée. C'est le phallus entifié, bloqué dans sa circulation. Par l'imaginarisation du phallus auquel il se confond, l'obsessionnel nie la dette symbolique qu'inscrit le phallus symbolique qui, tel un « oiseau céleste », ne peut être attrapé. Car ce qui se transmet dans l'ordre symbolique, c'est le phallus Φ. Le rêve-interprétation de la maîtresse, en touchant le manque-à-être du patient, réintroduit le phallus dans sa valence de signifiant du désir.

Voilà pour Lacan, en 1958, comment une analyse peut se conclure. Elle implique un changement quant à la position face au phallus. **La non-circulation du phallus est l'un des noms de la névrose** : « [...] ce phallus dont le recevoir et le donner sont pour le névrosé également impossibles [...] » Le névrosé, homme ou femme, ne peut donner ou recevoir le phallus parce que « [...] dans les deux cas son désir est ailleurs : c'est de l'être [...] ». S'il l'est, l'échange est interrompu. Le lieu symbolique de la dette est obturé : le phallus imaginaire prend la place du phallus symbolique. C'est à ce titre que l'obsessionnel « nie le désir de l'Autre » puisque le

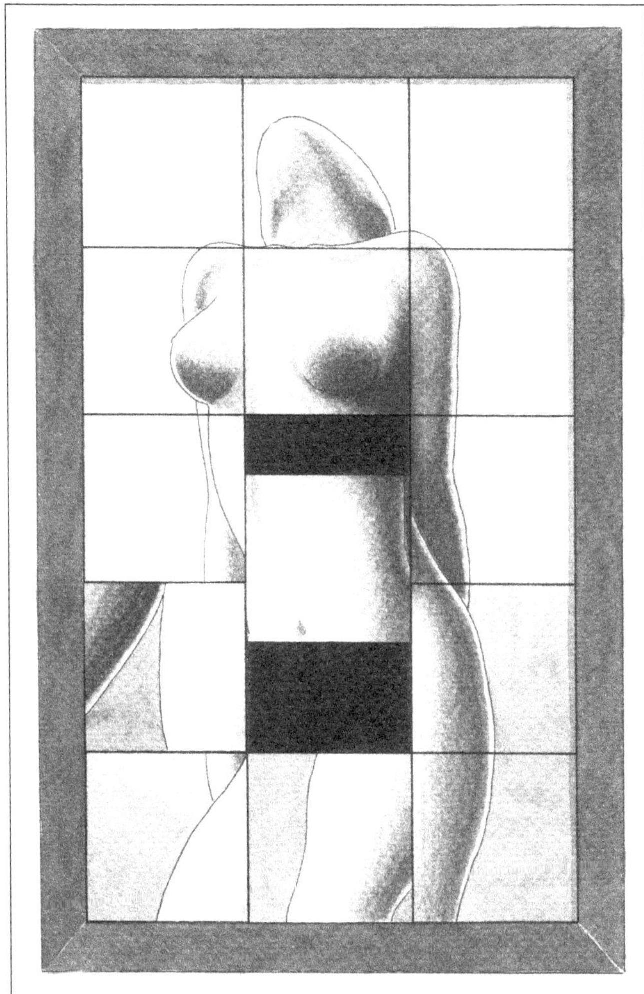

phallus symbolique est la marque de ce manque dans l'Autre qui le rend désirant.

La découverte où doit mener une analyse à sa fin est la suivante : « [...] **il faut que l'homme, mâle ou femelle, accepte de l'avoir et de ne pas l'avoir, à partir de la découverte qu'il ne l'est pas.** » Le sujet obsessionnel cessera d'obéir à un maître, imaginarisé comme increvable, pour s'abriter du surgissement du désir de l'Autre – donc tout aussi bien du sien.

6
L'objet a

Le concept d'objet *a* ne se trouve pas chez Freud. **C'est une invention de Lacan, datée du début des années 1960, dont il dira qu'elle constitue son apport propre à la théorie analytique.** Elle n'est pas sans lien avec une découverte de l'inventeur de la psychanalyse : « Cet objet *a*, c'est ce roc dont parle Freud » qui en délimita les contours sans jamais pouvoir l'isoler. Freud s'arrête devant l'objet *a*. Pas Lacan, qui en fait, rien de moins, la cause du désir. Il distinguera quatre objets *a* : le sein, les fèces, objets freudiens par excellence, pris dans la demande ; le regard et la voix, articulés au désir. En 1969, il fera même de l'analyste celui qui « se fait la cause du désir de l'analysant ». Rien ne peut être saisi de la relation d'objet si justement cette thèse n'est pas affirmée · « Dans l'intentionnalité du désir […], cet objet est à concevoir comme la cause du désir. […] l'objet est *derrière* le désir », note Lacan en 1962, dans son séminaire *L'angoisse*. L'objet prend le statut de résidu, de perte irréductible. Il est ce qui reste de l'Autre après la tentative du sujet d'y trouver sa détermination signifiante. Le petit *a* devient « preuve et seule garantie » de l'altérité de l'Autre. Lacan n'aura de cesse d'affiner ce concept jusqu'à la fin de son enseignement.

Isolons deux moments de son élaboration : l'année 1964 (séminaire XI) et les années 1968-1970 (séminaires XVI et XVII). Deux statuts de l'objet *a* s'en déduiront : sa face vide et sa face pleine.

L'objet topologique

Dans le séminaire XI, l'objet *a* est l'objet pulsionnel au sens que Freud lui donne en 1915 dans « Pulsions et destins des pulsions ». Par la pulsion, le petit *a* prend un statut d'objet topologique qui n'aura de consistance que logique. **L'objet est un fragment de la Chose (*das Ding*).** La logique signifiante impose sa structure à la découpe de la Chose. Petit *a* relève, à la fois, de la « substance de jouissance » et de « la matière signifiante », commente Jacques-Alain Miller dans son Cours de 1999. Lacan nous rappelle les termes de Freud dans sa *Métapsychologie* : « Pour ce qui est de l'objet dans la pulsion, qu'on sache bien qu'il n'a, à proprement parler, aucune importance. Il est totalement indifférent. » C'est l'objet concret qui est indifférent, substituable à tel ou tel autre. La raison en est de structure : l'objet de la pulsion est absent, perdu, laissant une place vide que la multitude des

a
L'objet a
bord
L'essence de l'objet, c'est le ratage.

objets concrets pourront venir, de façon substitutive, occuper. « L'objet de la pulsion, comment faut-il le concevoir, pour qu'on puisse dire que, dans la pulsion, quelle qu'elle soit, il est indifférent ? Pour la pulsion orale, par exemple, il est évident qu'il ne s'agit pas de nourriture, ni de souvenir de nourriture, ni d'écho de nourriture, ni de soin de la mère, mais de quelque chose qui s'appelle le sein [...]. Si Freud nous fait cette remarque, que l'objet dans la pulsion n'a aucune importance, c'est probablement que le sein est tout entier à réviser quant à sa fonction d'objet. » C'est au titre de perdu, radicalement, qu'il entre en fonction, ouvrant le champ de sa recherche – soit la répétition. Sa construction explique qu'il n'est pas spéculaire et donc n'a pas d'image au miroir. Dans *Encore*, Lacan ajoute : « Il s'agit de répéter jusqu'à plus soif pourquoi ça rate. Ça rate. C'est objectif [...]. C'est même tellement frappant que c'est objectif que c'est là-dessus qu'il faut centrer, dans le discours analytique, ce qu'il en est de l'objet. Le ratage, c'est l'objet [...]. L'objet, c'est un raté. L'essence de l'objet, c'est le ratage. » L'objet pulsionnel *a* n'est donc pas un objet dans le monde des objets. **Il est manque structural, place vide, en creux, constitués, creusés par la pulsion dans son trajet en boucle** : « La meilleure formule nous semble être celle-ci – que la pulsion [...] fait le tour [de l'objet]. Tour étant à prendre ici avec l'ambiguïté que lui donne la langue [...] à la fois *turn*, borne autour de quoi on tourne, et *trick*, tour d'escamotage. » De même, l'objet *a* n'est

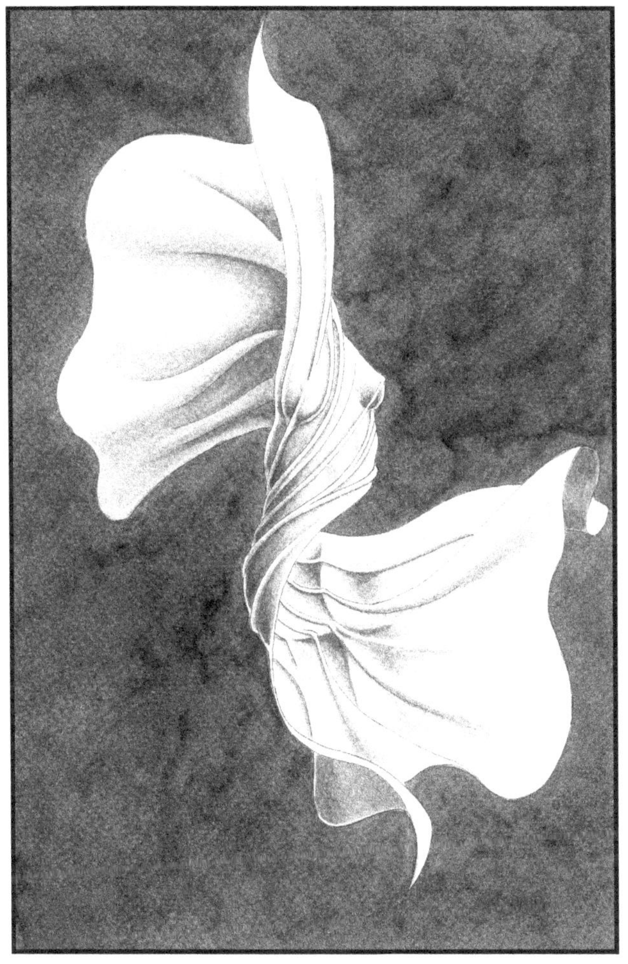

pas créé par la pulsion. La pulsion en fait le tour et l'escamote : il est *rien* (ce *rien* que l'anorexique dévore !). C'est parce que la pulsion capture l'objet, comme reste de ce que l'être perd à parler, qu'elle peut représenter la sexualité dans le savoir inconscient. Elle ne peut représenter le sexuel que sous une forme partielle – ce partiel inscrit dans l'Autre par ces objets *a*, toujours couleur de vide, vacuoles, faces creuses.

Le plus-de-jouir

Ce terme, que Lacan construit sur le modèle de la *plus-value* de Karl Marx, désigne la face corporelle de l'objet *a*. **C'est la face pleine de l'objet alors que l'objet topologique est sa face vide.** Un exemple clinique illustre l'objet *a* comme refuge et condensateur de jouissance. Dans son séminaire *D'un Autre à l'autre* (1968-1969), Lacan s'intéresse à la perversion et en fournit une théorie nouvelle. Voici sa thèse : le pervers se fait objet *a* – il s'y identifie – pour restituer à l'Autre cet objet dont il aurait été décomplété par l'opération signifiante. Le pervers interroge ce qui manque à l'Autre afin d'y parer, de le supplémenter. « J'avance tout à trac que la fonction du pervers, celle qu'il remplit, est loin d'être fondée sur quelque mépris de l'autre, du partenaire [...]. Cette fonction est à jauger d'une façon autrement riche [...] j'articulerai que le pervers est celui qui se consacre à boucher le trou dans l'Autre. [...] je dirai qu'il est, jusqu'à un certain point, du côté de ce que l'Autre existe. C'est un défenseur de la foi. » C'est l'objet devenu complément et qui doit être isolé, épuré mais aussi utilisé, manipulé. Ce petit *a* prend dans la perversion une fonction particulière : il devient ce qui aurait été perdu par l'Autre, le vidant de sa jouissance. Si l'Autre est « terrain nettoyé de la jouissance » par le signifiant, alors ce qui échappe dans l'Autre à la prise signifiante, est vacuole de jouissance – il est reste, enclave, excès de jouissance capturée. Il est ce qui n'a pu de la jouissance virer à la comptabilité symbolique. Le pervers sait cela avec une acuité sans pareil : « [...] il sait que la jouissance n'a pas seulement été [...] jouissance aliénée [...] il reste quelque part une chance qu'il y ait quelque chose qui en ait réchappé. » Voilà pour son savoir. Mais ce n'est pas tout : ce savoir ouvre à un savoir-faire : « [...] ce reste qui s'appelle l'objet *a*, c'est là que se réfugie la jouissance qui ne tombe pas sous le coup du principe de plaisir. » Le savoir-faire est un savoir y faire avec l'objet *a*.

En se faisant objet a, le pervers tente de boucher, de masquer, de combler ce trou dans l'Autre, A̸ : « [...] ce que je définis comme la perversion, c'est la restauration, en quelque sorte première, la restitution du *a* au champ du A » ; « Rendre *a* à celui de qui il provient, le grand Autre, est l'essence de la perversion ». Aussi Lacan définira-t-il le jeu dit pervers comme « un certain jeu du *u* » ! Quoi qu'il en soit, identifié à *a*, le pervers s'évertue, en terme de jouissance donc, à combler ce trou qui fait l'Autre castré (et asexué). C'est en cela que Lacan fera du pervers un homme de foi, voire un croisé – celui qui « donne à Dieu sa plénitude véritable », en ceci que Dieu serait la forme absolue de l'Autre sans faille – le sujet supposé savoir en acte. C'est la tentative de restituer la jouissance au corps. Telle est la face pleine, « lichette de jouissance », de l'objet.

7
Le fantasme

En 1919, Freud publie « "Un enfant est battu". Contribution à la connaissance de la genèse des perversions sexuelles ». Dans son article, il décompose grammaticalement ce fantasme de fustigation, apparu dans la cure, en trois scansions qui nomment autant de positions subjectives spécifiques. Une différence se marque entre le fantasme et le symptôme (que l'on pense à la conversion somatique hystérique ou aux doutes et ruminations obsessionnels) : le symptôme est ce dont le sujet se plaint avec facilité ; le fantasme, en revanche, est ce dont l'aveu peut torturer. Dans un cas, les jeux signifiants abondent ; dans l'autre, le silence. « L'aveu de ce fantasme n'est consenti qu'avec hésitation, le souvenir de sa première apparition est incertain, une résistance sans équivoque s'oppose au traitement analytique de cet objet, honte et sentiment de culpabilité s'émeuvent à cette occasion peut-être avec plus de force que lors de communications semblables portant sur les premiers souvenirs de la vie sexuelle », écrit Freud.

Le fantasme apparaît comme point de fixité silencieuse dans la cure : les mots s'arrêtent, des affects surgissent : honte, culpabilité…

Lacan part de l'affirmation freudienne en faisant passer au second plan le scénario imaginaire du fantasme pour en décliner la logique inconsciente. C'est dans son séminaire XIV (non publié), *La logique du fantasme*, en 1966-1967, qu'il poussera le plus loin cette exigence de décomposition logico-grammaticale du fantasme. Ce dernier, loin d'être une rêverie imaginaire, est un *axiome* formellement réduit à une phrase – sur le modèle d'*un enfant est battu*. Cet axiome noue deux incommensurables : les *signifiants*, grâce auxquels le névrosé agence sa réalité, et des *bouts de réel* – ce réel auquel il n'a accès justement que par son fantasme. Le fantasme se présente comme constant ; c'est un « clavier logique », écrit Lacan, qui désigne « la place du réel ».

Sa formule est : $\$ \lozenge a$ – le sujet divisé, $\$$, est joint et disjoint par le poinçon $\lozenge$ à l'objet a comme résidu irréductible de l'Autre. Une conséquence clinique s'en déduit. « Car il se voit aux mises en acte du névrosé, que le fantasme, il ne l'approche qu'à la lorgnette, tout occupé qu'il est à sustenter le désir de l'Autre en le tenant, de diverses façons, en haleine. Le psychanalyste pourrait ne pas se faire son servant. » **Si le névrosé n'approche le fantasme qu'à la lorgnette alors qu'il peut se complaire dans les jeux signifiants qu'il rumine, c'est que de ce réel, il ne veut rien savoir** – il le

refoule. Pour éviter ce réel qui l'agite, il choisit d'interroger le désir de l'Autre (son *Che vuoi ? Que veux-tu ?*) et veille à le tenir en haleine afin de retarder d'autant la rencontre avec la cause de son propre désir. « Couardise », ponctue Lacan ! Cette stratégie fait les beaux jours notamment de la rencontre amoureuse. Mais la citation dit plus en dégageant une orientation précieuse pour la cure : le psychanalyste doit savoir ne pas se faire le « servant » de cette position du névrosé. Comment ? L'interprétation est convoquée : l'analyste, parce qu'il sait que le fantasme n'est pas sans réel, se doit d'en dégager la constante au-delà des variables symboliques et imaginaires. Quel est ce réel, spécifié, que le névrosé veut ignorer et qui, comme fixité silencieuse, conditionne ses mises en acte ? Quelle jouissance est engagée dans cette fi(x)ion axiomatique qu'est son fantasme ?

En 1962, Lacan publie un article, « Kant avec Sade », qui fait du fantasme sadien – que les écrits du marquis déplient – une question posée à chacun. « C'est qu'un fantasme est en effet bien dérangeant puisqu'on ne sait où le ranger, de ce qu'il soit là, entier dans sa nature de fantasme qui n'a de réalité que de discours et n'attend rien de vos pouvoirs, mais qui vous demande, lui, de vous mettre en règle avec vos désirs. » **Le fantasme en effet est le soutien du désir** – sans lui, le désir ne se maintiendrait pas et disparaîtrait comme la flamme d'une allumette. Lacan le dit explicitement en 1964, dans son séminaire XI : « Dans le fantasme, le sujet est fréquemment inaperçu, mais il y est toujours, que ce soit dans le rêve, dans la rêverie, dans n'importe quelle des formes plus ou moins développées. Le sujet se situe lui-même comme déterminé par le fantasme. Le fantasme est le soutien du désir, ce n'est pas l'objet qui est le soutien du désir. Le sujet se soutient comme sujet par rapport à un ensemble signifiant toujours beaucoup plus complexe. »

Une clinique différentielle est désormais possible : le fantasme, ainsi défini, est, dans la névrose, toujours pervers (c'était la thèse freudienne) puisqu'il élève un objet quelconque à la dignité de la cause du désir (*a*) et, dans la perversion, il prend une valence déterminante axée sur la jouissance. **Grâce à son fantasme, le névrosé rêve d'être pervers** – c'est-à-dire dégagé de la loi du père – et le pervers, lui, « fait des rets du fantasme l'appareil de conduction par où il dérobe en circuit une jouissance dont le lieu de l'Autre ne le sépare pas moins ».

Dans la perversion, le fantasme s'écrit : $a \lozenge \$$ – soit dans le sens rétrograde de sa formule chez le névrosé : $\$ \lozenge a$. Or, $a \lozenge \$$ « satisfait à l'ordre du fantasme en tant qu'il supporte l'utopie du désir », remarque Lacan. De cette formule, il appert que le pervers :

– d'une part, tente de se faire équivaloir à l'objet. Ce dernier descend de son inaccessibilité et se dévoile comme « Être-là, *Dasein* » du sujet. L'agent du dispositif (le tourmenteur chez Sade) « se fige dans la rigidité de l'objet ».

Cette identification à l'objet n'apparaît que sur une scène – celle qu'ouvre et décore le fantasme. Sur la scène imaginaire, le pervers est actif ; par contre, dans la structure, il est objet figé. L'agent dans le dispositif visible est objet dans la structure. L'agencement imaginaire et l'agencement inconscient ne se superposent pas : « [...] là où vous dites *je*, c'est là, à proprement parler, que, au niveau de l'inconscient, se situe *a*. »

Cette identification à l'objet *a* explique qu'à partir du séminaire *L'angoisse*, la référence clinique sera le masochisme : « [...] se reconnaître comme objet de désir [...] c'est toujours masochiste. » **Le masochiste réalise au plus juste cette identification au *a*** : « [...] le masochiste lui-même apparaît dans la fonction que j'appellerais celle du déjet. C'est notre objet *a*, mais dans l'apparence du déjeté, du jeté au chien, aux ordures, à la poubelle, au rebut de l'objet commun [...] »

– d'autre part, le pervers place du côté de l'Autre (le partenaire), le sujet divisé, $, refendu par sa cause silencieuse, *a*. Dans le rituel, le partenaire tend à être réduit à une chose (*res*) que l'on manipule, place et agite comme une marionnette sans se préoccuper de son assentiment. Structuralement, c'est la division du sujet (la victime du tourment chez Sade) qu'il vise. Ainsi « le désir sadique [...] n'est articulable qu'à partir de la schize, la dissociation, qu'il vise à introduire chez le sujet, l'autre, en lui imposant, jusqu'à une certaine limite, ce qui ne saurait être toléré – à la limite exacte où apparaît chez ce sujet une division, une béance, entre son existence de sujet et ce qu'il subit, ce dont il peut pâtir, dans son corps ». Cette division est recherchée de manière appuyée. Le pervers s'applique à l'obtenir incontournable. Lacan parlera de « […] division soutenue du sujet qu'ordonne l'expérience » et ajoutera que « […] le point d'aphanisis supposé en $, doit être dans l'imagination indéfiniment reculé ».

Dans la névrose comme dans la perversion, le fantasme fait réponse, en la recouvrant, à la faille de l'Autre, Ⱥ. C'est en cela qu'il assure un ancrage libidinal au sujet.

8

L'angoisse

Dans son séminaire *L'angoisse*, en 1962-1963, Lacan donne à l'objet *a* une place singulière, en ceci qu'il écrit le *pas sans objet* qui la spécifie comme affect. Alors que les affects (la colère, l'émotion, l'émoi, l'embarras, etc.), dont il s'agit cliniquement de donner les coordonnées subjectives, sont trompeurs, l'angoisse, elle, justement de par son couplage à l'objet *a*, ne trompe pas et est hors doute. C'est-à-dire que l'affect d'angoisse confronte le sujet à une coupure qui surgit hors signifiant. « La manifestation la plus éclatante de cet objet *a*, le signal de son intervention, c'est l'angoisse. Ce n'est pas que cet objet n'est que l'envers de l'angoisse, mais il n'intervient, il ne fonctionne qu'en corrélation avec l'angoisse. » L'angoisse est la traduction subjective la plus vive de la rencontre avec petit *a*.

À ce titre, l'affect d'angoisse emporte un point de certitude qui ouvre à l'acte. Arracher à l'angoisse qui paralyse son point de certitude, dira Lacan, est une tâche

pour le sujet névrosé : « [...] c'est peut-être à l'angoisse que l'action emprunte sa certitude. Agir, c'est arracher à l'angoisse sa certitude. Agir, c'est opérer un transfert d'angoisse. » Le doute (que l'on pense aux ruminations et autres procrastinations mentales de l'obsessionnel) est défense contre l'angoisse : « Le doute, ce qu'il dépense d'efforts, n'est fait que pour combattre l'angoisse, et justement par des leurres. C'est qu'il s'agit d'éviter ce qui, dans l'angoisse, se tient d'affreuse certitude », note Lacan. **L'angoisse isole la fonction de la cause** ouvrant à l'acte.

Dans un texte plus ancien, ce nouage avait déjà été établi par Lacan en pure logique. Dans « *Le temps logique et l'assertion de certitude anticipée – Un nouveau sophisme* », en 1945, il est question de « la forme ontologique de l'angoisse ». L'angoisse apparaît au moment de conclure, soit au moment de l'acte. Elle est inséparable de la tension temporelle qui donne sa valeur au sophisme. On sait ce moment-bascule où le prisonnier[1] doit conclure qu'il est blanc (= qu'il est un

---

1. Lacan invente une fiction : un directeur de prison veut libérer un parmi trois prisonniers et pour cela les soumet à une épreuve. Il y a cinq ronds de couleur : trois sont blancs, deux noirs. Chaque prisonnier est affublé, dans son dos, à son insu, d'un disque blanc. Comment chacun va-t-il s'y prendre, par le seul raisonnement logique, sans échanger aucun mot, pour trouver sa couleur et donc devenir libre ? Il devra justifier auprès du directeur, toujours en logique, sa trouvaille.

homme) : « C'est donc *le moment de conclure* qu'il est blanc ; s'il se laisse en effet devancer dans cette conclusion par ses semblables, il *ne pourra plus reconnaître* s'il n'est pas un noir. Passé *le temps pour comprendre le moment de conclure,* c'est *le moment de conclure le temps pour comprendre.* » Ce moment isole le « sujet assertif », qui conclut sur lui-même : « C'est *l'assertion sur soi,* par où le sujet conclut le mouvement logique dans la décision d'un *jugement.* » En ce point se loge la hâte où culmine la tension temporelle grâce à laquelle la certitude s'anticipe. Sans l'angoisse, le procès logique ne pourrait ni s'enclencher ni trouver son issue avec son affirmation du *je.* C'est parce que le prisonnier tire de l'angoisse une certitude que le raisonnement ne s'éternise pas dans le temps pour comprendre (virtuellement sans fin) et débouche sur la hâte de conclure. Lacan ne dit pas autre chose : « [...] la conjonction ici manifestée se noue en une *motivation* de la conclusion, *"pour qu'il n'y ait pas"* (de retard qui engendre l'erreur), où semble affleurer la forme ontologique de l'angoisse, curieusement reflétée dans l'expression grammaticale équivalente, *"de peur que"* (le retard n'engendre l'erreur) [...] » À la fin de l'article se retrouve la même formulation : « Je m'affirme être un homme, de peur d'être convaincu par les hommes de n'être pas un homme. » L'angoisse trouve une fonction nouvelle. À en extraire sa certitude, incarnée par la fonction du petit *a,* l'angoisse sort le sujet de la barbarie assimilatrice.

Loin de la référence à la dépression, où s'écrase toute une pensée psychiatrique et clinique qui a renoncé à ses tâches historiques, le concept d'angoisse trouve une place clé, que l'article de 1945 a isolée inauguralement, dans sa dimension logique, comme moteur du sophisme.

Dans *L'angoisse*, Lacan prend notamment pour exemples cliniques **le masochiste** et **le sadique**. Qu'y découvre-t-il en référence à l'affect d'angoisse et à l'objet *a* rencontré ? L'angoisse est un véritable *made in* de la perversion, comme le démontre la fable sadienne.

Le dispositif pervers dans lequel le sujet s'identifie à l'objet et vise la division du (de la) partenaire[1] – ce qui s'écrit $a \rightarrow \$$ –, explique comment l'angoisse ne peut qu'apparaître chez le partenaire. Elle est inhérente à la perversion. En tant que signal du réel, elle est preuve incarnée que cette refente est obtenue. La position du masochiste de se faire l'objet de la jouissance de l'Autre est un masque qui laisse impénétré ceci : « Ce qui est cherché, c'est chez l'Autre, la réponse à cette chute essentielle du sujet dans sa misère dernière, et cette réponse est l'angoisse. [...] cette angoisse, qui est la visée aveugle du masochiste car son fantasme la lui masque, n'en est pas moins réellement ce que nous pourrions appeler l'angoisse de Dieu. » Comment ? En se faisant « l'âme de

---

1. Voir le chapitre « Le fantasme ».

Dieu », en se sacrifiant pour le Père, le Christ « a poussé les choses jusqu'au dernier terme d'une angoisse ». **L'âme « [...] est à situer au niveau du a de résidu, d'objet chu ».**

La position du sadique semble plus simple : l'angoisse de la victime est exigée. Lacan ne se contente pas de cette réponse. « Qu'est-ce que le sadique cherche dans l'Autre ? Il est bien clair que, pour lui, l'Autre existe [...]. L'Autre est absolument essentiel [...] la référence à l'Autre comme tel fait partie de sa visée. » Un exemple tiré des *Cent Vingt Journées* et de *Juliette* permet de répondre. Les personnages entrent dans une véritable transe lorsque, après s'être acharnés sur la victime, ils crient : « *J'ai eu les cris du tourmenteur, j'ai eu la peau du con.* » Lacan le commente : « Ce n'est pas là un trait qui va de soi dans le sillon de l'imaginable. Son caractère privilégié, le moment d'enthousiasme qui le connote, son statut de trophée suprême brandi au sommet du chapitre, est suffisamment indicatif de ceci, que c'est en quelque sorte l'envers du sujet qui est cherché, ce qui prend sa signification de ce trait de gant retourné que souligne l'essence féminine. Il s'agit du passage à l'extérieur de ce qui est le plus caché. »

Dans ces deux cas, masochisme et sadisme, se dénude ce lien entre angoisse et objet. La fonction de ce dernier « est d'être le reste du sujet, reste comme réel ». Que l'angoisse soit alors au rendez-vous de la visée perverse est une conséquence directe de cette définition du « statut réel de ces objets ». La

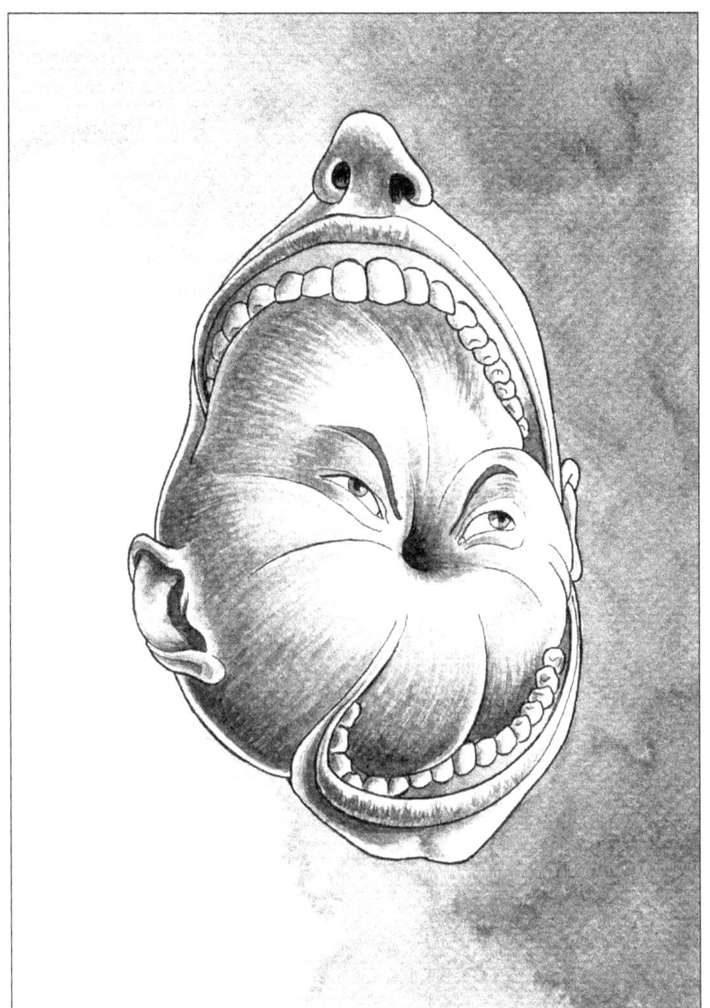

souffrance, exercée sur le partenaire ou reçue dans le corps propre, n'est pas ce qui est prioritairement cherché – elle occupe le scénario imaginaire au détriment de l'angoisse, qui est le vrai but du pervers. Le libertin sadien, comme tout pervers, est dupé par son fantasme.

On trouve, toujours dans *L'angoisse*, un bel exemple où **le désir vire à l'angoisse via l'objet regard**. Lacan dégage cette fonction active de la tache, saisie comme marque sur le corps : « Grains et tissus de beauté […] montrent la place du *a*, ici réduit à ce point zéro […]. Plus que la forme qu'il entache, c'est le grain de beauté qui me regarde. » Aussitôt le désir entre en jeu : « C'est parce que ça me regarde qu'il m'attire si paradoxalement, quelquefois à plus juste titre que le regard de ma partenaire, car ce regard me reflète et […] il n'est que mon reflet, buée imaginaire. » Lacan citera aussi ce qui surgit à la fin du **film *La Dolce Vita* de Fellini** : soit « l'œil inerte de la chose marine que les pêcheurs sont en train de faire émerger ». Le désir vire à l'angoisse : « Voilà ce par quoi nous sommes le plus regardés, et qui montre comment l'angoisse émerge dans la vision au lieu du désir que commande *a*. »

9

Le réel

Une psychanalyse a son début et sa fin. Pour Lacan, cette entrée suppose que les coordonnées de la sortie soient dégagées. Il le dit dans sa « Proposition du 9 octobre 1967 sur le psychanalyste de l'école » : « [...] le début et la fin de la psychanalyse [...] sont les plus exemplaires pour sa structure. » Début et fin, entrée et sortie, créent une tension temporelle où se logent anticipation et après-coup. « On oublie en effet sa raison d'être prégnante [= l'analyse didactique], qui est de constituer la psychanalyse comme expérience originale, de la pousser au point qui en figure la finitude pour en permettre l'après-coup, effet de temps [...] qui lui est radical. » En quoi la Chose sexuelle se trouve-t-elle engagée dès l'entrée ? Quelle place occupe-t-elle dans le discours analytique jusqu'à la conclusion d'une cure ?

Cette question nécessite un repérage dans l'enseignement de Lacan. Deux réponses sont à isoler : la vérité est dévalorisée et le savoir promu. **Il y a virage de l'inconscient-vérité à l'inconscient-savoir.**

1 – L'enseignement lacanien, jusque dans ces années 1967, faisait de la vérité le nom de ce que rencontre le sujet comme incontournable : l'horrible de la castration. Le sujet s'en détourne – il la refoule (*Verdrängung*), la forclôt (*Verwerfung*) ou la dément (*Verleugnung*). L'heure de vérité est le moment de cette rencontre. Le chapitre « Tuché et automaton », du séminaire de 1964, peut être lu dans ces termes : la *tuché* est la rencontre de ce réel – « Le réel est cela qui gît toujours derrière l'*automaton*, et dont il est si évident, dans toute la recherche de Freud, que c'est là ce qui est son souci. » La forme clinique de la *tuché* est le traumatisme sexuel où se dénude l'incompatibilité du sexuel et du signifiant. « La fonction de la *tuché*, du réel comme rencontre [...] s'est d'abord présentée dans l'histoire de la psychanalyse sous une forme qui, à elle seule, suffit déjà à éveiller notre attention – celle du traumatisme. » Lacan ajoute : « C'est là le réel qui commande plus que tout autre nos activités, et c'est la psychanalyse qui nous le désigne. » **Une telle clinique est orientée par le symbolique.** Le réel n'est pas nié. Il a sa place déterminée à partir du symbolique du laisser parler la vérité. Il est « l'inassimilable » du symbolique. « N'est-il pas remarquable que, à l'origine de l'expérience analytique, le réel se soit présenté sous la forme de ce qu'il y a en lui d'*inassimilable* – sous la forme du trauma, déter-

minant toute sa suite [...] » Un schéma simple est produit : la psyché comme système signifiant de type homéostatique (= c'est l'*automaton*), le réel au-dehors que le sujet rencontre, *tuché*, comme inassimilable. Le signifiant tamponne cet inassimilable. Mais le réel a toujours le dernier mot. C'est le dernier mot de la vérité du sujet – celle qui énonce *motus* – face à l'horrible de la castration de l'Autre. Le symbolique est impuissant à faire virer tout le réel sexuel (traumatique) à la comptabilité signifiante.

Ce grand séminaire de 1964 est une valorisation logique de la vérité (à la différence, par exemple, de « La chose freudienne », en 1955, qui, elle, est une valorisation poétique de la vérité). Même le fameux « vivre la pulsion » qu'introduit Lacan, le 24 juin 1964, pour dire la fin d'une psychanalyse, est pensé comme expérience du sujet face à la réalité sexuelle de l'inconscient – la pulsion. La fin de la cure est l'assomption de la castration de l'Autre que la pulsion présentifie.

Est promue une clinique orientée par l'Autre préalable, aux aléas duquel la relation sexuelle est livrée.

2 – Avec l'article de 1967, une autre clinique se dégage orientée par le réel. « Radiophonie » en 1970, « L'étourdit » en 1972, le séminaire XX *Encore* en 1972-1973, etc., la déplieront dans ses conséquences. Le terme qui revient dans la « Proposition... » est celui de *savoir*. C'est le terme que Lacan utilise pour penser le commencement de la psychanalyse – le transfert. On trouve le savoir dans le syntagme

« sujet supposé savoir » dont Lacan écrit : il « est pour nous le pivot d'où s'articule tout ce qu'il en est du transfert ».

Cette référence au savoir positionne différemment le sexuel. « L'étourdit » livre des formules clés pour saisir le nouvel enjeu. La vérité est révoquée comme Une : « On ne peut, ce dire, le traduire en termes de vérité puisque de vérité il n'y a que midit [...] », et le savoir extrait du discours psychanalytique relève de l'écrit : « Je rappelle que c'est de la logique que ce discours touche au réel à le rencontrer comme impossible, en quoi c'est ce discours qui la porte à sa puissance dernière : science, ai-je dit, du réel. » Le réel se rencontre sous la forme de ce qui se démontre. C'est la possibilité de la démonstration qui fait le partage entre les dits et le dire. Les dits s'énoncent dans le *hic et nunc* – ils relèvent du registre de la parole, sont soumis au critère de la vérité. Le dire, lui, ne peut être dit ; aucune parole, dans ses dits, ne peut en produire l'exhaustion – il *ex-siste* au dit. Le dire est mis en position de cause des dits – il a une valence de réel. « C'est ainsi que le dit ne va pas sans le dire. Mais si le dit se pose toujours en vérité [...] le dire ne s'y couple que d'y ex-sister, soit de n'être pas de la dit-mension de la vérité. » Les dits cernent le dire comme réel, « c'est-à-dire l'impossible ». **Quel est le nom de ce dire dans le discours analytique ? C'est le *dire sexuel*** – soit une dimension réelle dans la sexualité.

Voilà le pas de Lacan. En 1964, la sexualité est prise dans les défilés du signifiant. La libido est « l'élément essentiel du processus primaire ». Les défilés du signifiant la découpent suivant une structure pulsative. En 1972, le dire du sexe ne s'atteint que par la démonstration dont l'écrit est le support. Il n'y a plus, pour Lacan, de réalité prédiscursive. Dans *Encore*, il dira : « Chaque réalité se fonde et se définit d'un discours. »

Ce qui s'obtient par la démonstration est l'impossible à écrire qui s'énonce : « *il n'y a pas de rapport sexuel* ». Lacan de préciser : « Ceci suppose que de rapport […], il n'y a qu'énoncé, et que le réel ne s'en assure qu'à se confirmer de la limite qui se démontre des suites logiques de l'énoncé. » Cet impossible est ce qui ne cesse pas de ne pas s'écrire. Les dits de castration, en 1960, sont impuissants à tout significantiser du réel sexuel ; en 1970, ils cernent le dire comme impossible et le sexuel, comme rapport, ne peut être écrit. **C'est un réel interne à la logique.**

L'épreuve pour le sujet n'est plus la même : Lacan insiste moins sur la rencontre de la castration que sur l'épreuve d'une descente logique où le réel se démontre comme certain : « L'état présent des discours qui s'alimentent donc de ces êtres, se situe de ce fait d'inexistence, de cet impossible, non pas à dire, mais qui, serré de tous les dits, s'en démontre pour le réel. » Le réel que livre le *il n'y a pas de rapport sexuel* procède des impasses logiciennes. D'où une nouvelle définition du sexe : « l'ab-sens désigne le sexe ».

En 1964, le sexuel est traumatique. En 1970, c'est la langue qui est traumatique – c'est elle qui affecte le corps.

Pourquoi insister sur ce passage de l'inconscient-vérité à l'inconscient-savoir ? Pour saisir que la perspective a changé. Par exemple, le terme de *sujet* est congruent avec la doctrine des années 1960 : **le sujet est l'effet des jeux signifiants**. Il trouve sa détermination au lieu de l'Autre et se fige sous un signifiant. Le sujet est vidé de jouissance. Dans les années 1970, le concept introduit par Lacan est celui de *parlêtre*. C'est-à-dire que sont saisies les conséquences sur l'être vivant d'habiter le langage. **Le parlêtre est lesté d'un poids de réel** – poids de vivant, poids de jouissance.

Une clinique orientée par le réel nécessite de repérer le changement de perspective que ces années 1970 introduisent.

10
Les jouissances

Le concept de jouissance, absent chez Freud (qui parle de libido, de *Lust*, etc.), est une invention spécifique de J. Lacan. À partir des années 1960, ce concept prendra une importance clé jusqu'à devenir dans les années 1970-1980 une balise indispensable pour penser *toute* la clinique. Le principe de plaisir freudien est constance et vise l'homéostase. **La jouissance est excès, qui dérange cet équilibre.** C'est toujours ainsi qu'elle se manifeste. Elle réveille…

Mais pourquoi ce pluriel ? Parce qu'il n'y a pas une mais des jouissances. Les expressions de Lacan sont multiples : jouissance pulsionnelle, jouissance phallique, jouissance de l'être, jouissance de l'Autre, jouissance de la parole, jouissance mystique, jouissance féminine, jouissance Une, etc. La jouissance se décline à l'imaginaire, au symbolique, au réel. Dans son Cours de 1999, *L'expérience du réel dans la cure analytique*, Jacques-Alain Miller distinguera six paradigmes utilisés par Lacan pour définir la jouissance. Pour une vue d'ensemble, le lecteur s'y reportera.

Nous poserons, ici, deux questions seulement : pourquoi corps et jouissance sont-ils disjoints ? Pourquoi la jouissance de l'Autre est-elle marquée du sceau de l'impossible ?

La jouissance phallique

Pourquoi y a-t-il incompatibilité entre la jouissance et le corps ? La raison tient à la structure de l'Autre en tant que trésor des signifiants. Le signifiant d'un manque dans l'Autre, introduit par Lacan dès 1960, pose que tout ne peut pas se dire. Un « trou » demeure dans la chaîne signifiante. La question de la jouissance *dite* sexuelle se loge en ce point. Rien dans l'Autre symbolique, quant à la jouissance sexuelle, ne répond à ces deux signifiants, homme et femme, sinon ce symbole « sans pair » qu'est le *phallus*. Dans le savoir inconscient, homme et femme n'ont pas de rapport deux à deux : **la jouissance de lui ne rencontre pas la jouissance d'elle**. Ils sont noués, mais par ce tiers du signifiant phallique. À ce titre, la jouissance sexuelle relève d'une logique du Un (phallique) et n'unit pas l'homme à sa partenaire. Au contraire, le phallus fait objection au rapport entre eux. La jouissance sexuelle est phallique, c'est-à-dire dans la stricte dépendance de la logique du signifiant – c'est la jouissance du Un. Parce que phallique, cette jouissance ne se rapporte pas au corps de la femme en tant qu'il aurait consistance sexuée réelle. Elle « [...] est l'obstacle, par quoi l'homme n'arrive pas [...] à jouir du corps de la femme, précisément parce que ce

IL N'Y A PAS DE
RAPPORT SEXUEL !

dont il jouit, c'est de la jouissance de l'organe » – de l'organe porté à la puissance du signifiant, le phallus. Le rapport sexuel – ce qui pourrait s'écrire xRy, homme (x) rapport (R) femme (y) – ne peut être réalisé. « [...] ce qu'on appelle la jouissance sexuelle est marqué, dominé par l'impossibilité d'établir comme tel, nulle part dans l'énonçable, ce seul Un qui nous intéresse, l'Un de la relation rapport sexuel. »

Lacan insiste, dans la dernière partie de son enseignement, sur l'impossibilité logique du rapport sexuel. Dans le rapport sexuel, une dissymétrie s'instaure : la femme s'y positionne comme mère et non comme femme, l'homme s'y retrouve en position de castré en référence au phallus et non en tant qu'homme au sens strict. Cette jouissance ne peut être dite sexuelle qu'au titre d'un reste. Elle est ce qui reste du sexuel après que le sujet en est passé par l'Autre symbolique, là où la différence sexuelle, en matière de jouissance, fait défaut. Si, au sens strict, la jouissance sexuelle n'est pas puisqu'elle se dénude comme uniquement phallique, alors se saisit que pour un sujet, lorsqu'il y a inscription du Nom-du-Père, corps et jouissance s'appareillent précisément par le fil du signifiant du phallus, sans faire rapport. C'est en cela que la fonction phallique « [...] supplée au rapport sexuel » impossible.

Le phallus est le signifiant qui nomme le « [...] point où le signifiant manque ». Il supplée « [...] au point où, dans l'Autre, disparaît la signifiance » sexuelle qui écrirait une différence de jouissance entre hommes et femmes. L'interdiction posée sur la jouissance rend possible le désir. Le phallus écrit cette place de la Loi pour quiconque est sujet. Ce sacrifice quant à l'être sexué a nom *castration*. Le phallus ne représente pas le sujet mais la jouissance en tant que hors système symbolique. Le sujet parlant est manque-à-jouir et le phallus désigne ce qui est forclos de cette jouissance sexuelle – ce qui est non symbolisable. Lacan, en 1960, ponctue : « Ce à quoi il faut se tenir, c'est que la jouissance est interdite à qui parle comme tel [...] »

La jouissance de l'Autre

Ce manque réel dans l'Autre symbolique amène à la question de ce « hors langage » du « sexe corporel de la femme ». Avec le non-rapport, Lacan quitte le structuralisme. La structure est un ensemble hiérarchisé de rapports. Le non-rapport objecte donc à la structure. Miller précise : « Ce qui distingue ce paradigme, et par un mouvement inverse, c'est de prendre son départ du fait de la jouissance. [...] Le point de départ de cette perspective n'est pas le *Il n'y a pas de rapport sexuel*, mais au contraire un *Il y a*. Il y a la jouissance. »

Ce trou conduit à poser l'Autre dans sa face réelle, corporelle et sexuée, et non plus symbolique. **L'apport de Lacan consiste à faire de ce trou réel l'Autre sexe.** « L'Autre, dans mon langage, cela ne peut donc être que l'Autre sexe » – le sexe en tant qu'Autre absolu du signifiant. C'est l'Autre qui s'incarnerait comme vivant sexué. « Il y a jouissance en tant que propriété d'un corps vivant, c'est-à-dire d'une définition qui rapporte la jouissance uniquement au corps vivant. Il n'y a de psychanalyse que d'un corps vivant, et sans doute – et qui parle » (J.-A. Miller). La conséquence en est que la jouissance se passe de l'Autre – qu'elle est Une.

Comment un homme peut-il jouir du corps d'une femme en tant qu'incarnation de l'Autre sexe ? Lacan fait référence à la démonstration sadienne et à ce qu'elle prouve : « Comme le souligne admirablement cette sorte de kantien qu'était Sade, on ne peut jouir que d'une partie du corps de l'Autre, pour la simple raison qu'on n'a jamais vu un corps s'enrouler complètement, jusqu'à l'inclure et le phagocyter, autour du corps de l'Autre. C'est pour ça qu'on en est réduit simplement à une petite étreinte, comme ça, à prendre un avant-bras ou n'importe quoi d'autre – ouille ! » La rencontre des corps ne se fait pas sur le mode de l'amibe qui phagocyte sa proie et l'incorpore. Jouir du corps de l'Autre ne serait possible qu'à le réduire à l'Un. Les deux corps ne feraient plus qu'un.

Le statut de l'Autre s'est donc modifié. Au temps du non-rapport et de la jouissance qu'*il y a*, l'Autre ne tient plus : « […] j'ai ajouté une dimension à ce lieu du A, en montrant que comme lieu, il ne tient pas, qu'il y a une faille, un trou, une perte. » C'est ce statut de l'Autre qui explique que la jouissance de l'Autre ne peut être affirmée ou rencontrée – sauf dans

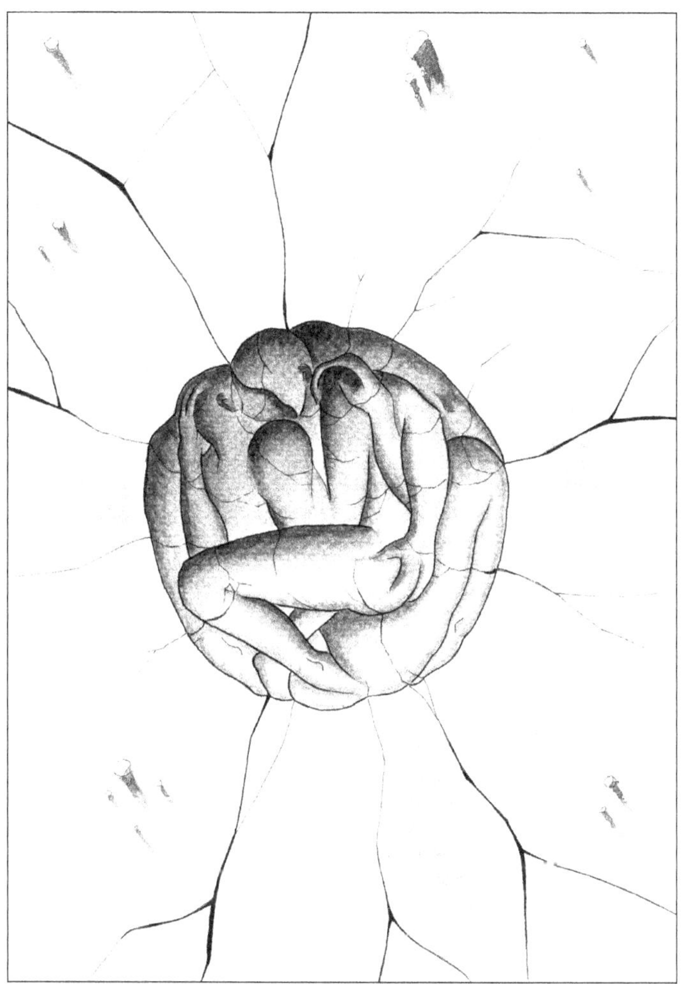

l'imaginaire : « Il est clair que s'il n'y a pas de jouissance de l'Autre comme telle, c'est-à-dire s'il n'y a pas de garant rencontrable dans la jouissance du corps de l'Autre qui fasse que jouir de l'Autre comme tel, ça existe. »

La jouissance du sens (« jouis-sens ») vient à la place de la jouissance qui conviendrait au rapport sexuel, soit la jouissance de l'Autre si elle existait. C'est-à-dire que, pour l'être parlant, la jouissance ne peut lui être signifiée que phalliquement. Cela ne veut pas dire que l'être parlant ne se trouve pas affronté à d'autres jouissances, mais, pour les signifier, il ne lui reste plus que la jouissance phallique.

La logique du non-rapport a changé l'approche de la jouissance de l'Autre puisque **la jouissance est désormais, pour Lacan, la jouissance du corps propre, la jouissance Une qui est coupée de l'Autre**. Jacques-Alain Miller commente ce point : « Il n'y a pas de rapport sexuel veut dire que la jouissance relève comme telle du régime de l'Un, qu'elle est jouissance Une, tandis que la jouissance sexuelle, la jouissance du corps de l'Autre sexe, a ce privilège d'être spécifiée par une impasse, c'est- à-dire par une disjonction et par un non-rapport. »

11

L'Autre jouissance

Dans une lettre à son élève Karl Abraham, datée de 1924, Freud écrit : « Tout ce que nous savons du développement féminin précoce me semble insatisfaisant et incertain. » En 1932, dans une conférence sur « La féminité », il ajoute : « De tout temps les hommes se sont creusé la tête sur l'énigme de la féminité » et conclut ainsi : « Si vous voulez en savoir plus sur la féminité, interrogez vos propres expériences de la vie, ou adressez-vous aux poètes, ou bien attendez que la science puisse vous donner des renseignements plus approfondis et plus cohérents. » **Pour Freud, la féminité est une « énigme »** et « la vie sexuelle de la femme adulte est encore pour la psychologie un *dark continent* [continent noir] » (1926).

En 1960, dans son article « Propos directifs pour un Congrès sur la sexualité féminine », Lacan rappelle l'enjeu dégagé par Freud et la médiocrité des avancées des postfreudiens. Comment oublier qu'Ernest Jones, un autre élève proche de

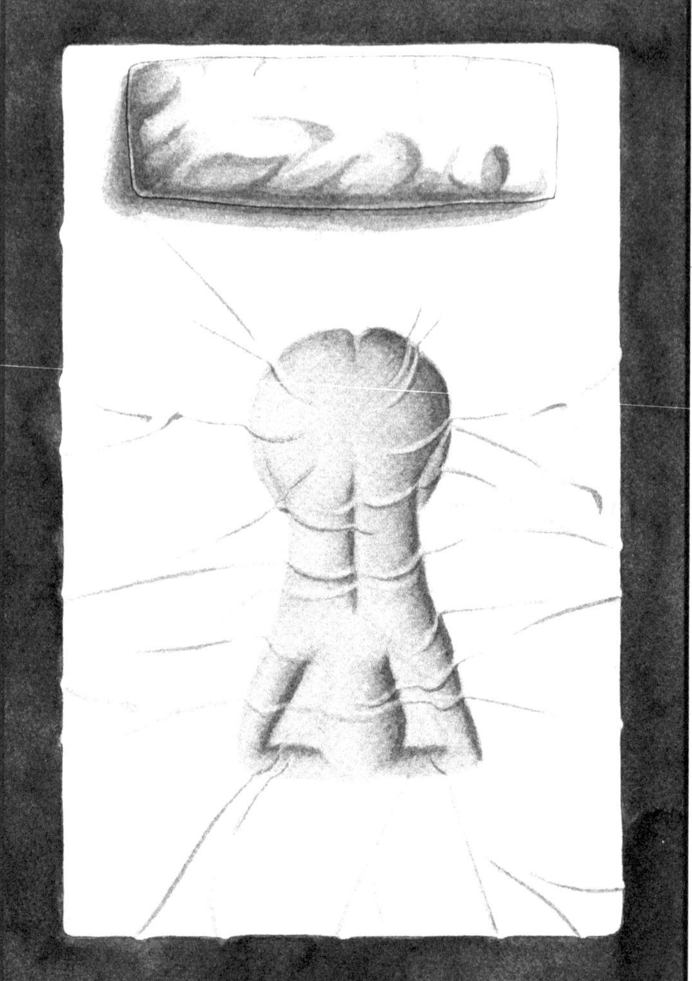

Freud, voyait, dans la rencontre d'un homme et d'une femme, celle du fil et de l'aiguille fixant les positions subjectives dans la réalité d'une anatomie déjà constituée ? Justement, dans son article, Lacan interroge l'énigme de la sexualité féminine et non pas la position de la femme en général. Il y démontre en quoi l'inconscient, et notamment la phase phallique prise dans le complexe de castration, détermine la jouissance féminine puisque la physiologie, elle, « donne sa langue au chat ». Lacan refuse une approche complémentaire ou symétrique de l'homme et de la femme. Qu'est-ce qui est Autre dans la rencontre des corps entre un homme et une femme ?, se demande-t-il. « [...] la castration ne saurait être déduite du seul développement, puisqu'elle suppose la subjectivité de l'Autre en tant que lieu de sa loi. L'altérité du sexe se dénature de cette aliénation. L'homme sert ici de relais pour que la femme devienne cet Autre pour elle-même, comme elle l'est pour lui. »

Cette dimension Autre d'une femme, pour elle-même et pour l'homme, évoquée en 1960, trouvera son plein développement en 1972 dans le séminaire *Encore*. **Lacan y nomme la jouissance féminine, en tant que « jouissance du corps », l'Autre jouissance.** Cette dernière existe sur le mode de l'*ex-sistence* – elle *siste* mais on ne sait ni où, ni comment. Entre l'Un phallique et l'Autre de la féminité, il n'y a pas de continuité. Logiquement, cette Autre jouissance n'est pas une extension de la jouissance phallique – elle est avec elle dans un rapport d'infinitude ; elle est « au-delà du phallus ». Elle se promeut, dit Lacan, du paradoxe de Zénon. « Achille et la tortue, tel est le schème du jouir d'un côté de l'être sexué. [...] Achille, c'est bien clair, ne peut que dépasser la tortue, il ne peut pas la rejoindre. Il ne la rejoint que dans l'infinitude. » Cette jouissance n'est pas complémentaire mais « supplémentaire » au phallus – elle a valeur d'excédent de jouissance. Elle est jouissance réelle, fondamentalement « opaque » et donc fait recel par définition.

Cette « jouissance radicalement Autre » – telle est l'avancée d'*Encore* – est corrélée logiquement à la *place* que le signifiant *femme* assigne aux sujets qui se placent dessous. Par là, dit Lacan, du neuf pourrait sortir à propos de la sexualité féminine ; autre chose que des « conneries » (jouissance vaginale, spécificité du museau de l'utérus) pourrait être trouvé. Cette avancée : associer cette Autre jouissance aux femmes, est déterminante.

Le sigle S($\overline{A}$) permet d'interroger la féminité. Sous le signifiant *femme*, le sujet se dédouble : le sujet femme n'est *pas-toute* soumise au symbolique puisque cette Autre jouissance lui est corrélée et, d'autre part, elle a rapport, en tant que parlêtre, au phallus, Φ. **La femme, comme sujet, n'étant pas-toute prise dans la fonction phallique, se promeut de l'infinitude.** Rapportée au dénombrable, elle ne peut faire ensemble au sens mathématique du terme. C'est pourquoi, pour Lacan, logiquement, ce *La* de « *La* femme » ne peut se dire – ce qui s'écrit : « *La* femme ». L'ensemble qui subsumerait toutes les femmes ne peut être construit. En quelque sorte, la barre sur le grand Autre tombe sur le sujet qui se place sous le signifiant *femme* lorsque la question de la jouissance advient. Elle tombe sur le sujet, qu'il le veuille ou non : c'est un effet du langage lui-même : « Il n'y a de femme qu'exclue par la nature des choses qui est la nature des mots, et il faut bien dire que s'il y a quelque chose dont elles-mêmes se plaignent assez pour l'instant, c'est bien de ça [...] » C'est-à-dire que « d'être dans le rapport sexuel, par rapport à ce qui peut se dire de l'inconscient, radicalement Autre, la femme est ce qui a rapport à cet Autre ».

« La femme » a rapport avec la structure de cet Autre, en tant que, comme Autre, il ne peut demeurer que toujours et définitivement Autre. Lacan résume sa thèse : « [...] il n'y a pas d'Autre de l'Autre. L'Autre, ce lieu où vient s'ins- crire tout ce qui peut s'articuler du signifiant, est, dans son fondement, radicalement Autre. C'est pour cela que ce signifiant, avec cette parenthèse ouverte, marque l'Autre comme barré – S($\bar{\text{A}}$). Comment concevoir que l'Autre puisse être quelque part ce par rapport à quoi une moitié [...] des êtres parlants se réfère ? [...] Ce La ne peut se dire. Rien ne peut se dire de la femme. La femme a rapport à ce S($\bar{\text{A}}$) [...] et c'est en cela qu'elle n'est pas toute [...] » **Cette part Autre est Autre pour elle-même.** C'est pour elle une énigme puisque comme sujet, pour cette Autre jouissance, à elle aussi, le mot manque : « Il n'y a nulle part de dernier mot si ce n'est au sens où *mot*, c'est *motus*. »

Lacan ajoute : « Il y a une jouissance à elle, à cette *elle* qui n'existe pas et ne signifie rien. Il y a une jouissance à elle dont peut-être elle-même ne sait rien, sinon qu'elle l'éprouve – ça, elle le sait. »

N'y a-t-il pas des sujets qui disent éprouver cette Autre jouissance ? Par exemple, les mystiques ne sont-ils pas là, historiquement, pour en porter le témoignage ? En fait ce n'est pas, le plus souvent, cette jouissance qu'ils éprouvent mais « l'idée qu'il doit y avoir une jouissance qui soit au-delà » des mots. Du reste, même l'éprouveraient-ils – où se retrouvent les mystiques absolus – que le défaut de signifiant pour dire demeurerait. Comme mystiques, Lacan cite sainte Thérèse d'Avila mais aussi un homme : saint Jean de la Croix, qui s'est mis du côté du pas-tout – preuve de l'hétérogénéité de l'ana-tomie et du signifiant. « Il est clair que le témoignage essentiel des mystiques, c'est juste- ment de dire qu'ils l'éprouvent, mais qu'ils n'en savent rien. Ces jaculations mystiques, ce n'est ni du bavardage, ni du verbiage, c'est en somme ce qu'on peut lire de mieux [...]. Je crois à la jouissance de la femme en tant qu'elle est en plus [...] » Il y a donc la jouissance phallique – en voilà une ! – et la jouissance *en plus* – ce n'en est pas une autre ! Il n'y en a pas deux mais dire une seule n'est pas vrai pour autant ! À ce titre, le signifiant de l'Autre barré est une absence. **Si l'Autre jouissance n'a pas de signifiant, alors le sujet en est absent.** Il peut l'éprouver mais aucun savoir ne s'inscrit. Cette Autre jouissance, d'être hors langage, ne peut

assurer un complément à la jouissance phallique, inscrite, elle, dans la stricte dépendance du langage. Cette Autre jouissance n'assure pas plus le rapport sexuel que la jouissance phallique. Telle est la modalité du ratage du rapport sexuel du côté femme de la sexuation. De rapport sexuel, il n'y a pas – qu'il soit abordé du côté homme ou du côté femme. La jouissance est donc Une et se passe de l'Autre.

Bref, « La femme » sera, pour Lacan, l'un des noms de l'Autre comme lieu logiquement inconsistant. Elle dit ce trou qui fait que l'Autre, comme complet, plein, consistant, n'existe pas.

12

Le corps

On a souvent reproché à Lacan de n'accorder d'importance qu'aux jeux signifiants et de délaisser la dimension « économique », comme disait Freud, de la vie psychique. Les affects, le corps seraient les oubliés de la théorisation lacanienne, taxée par conséquent d'intellectualiste. En France, le psychanalyste André Green a porté notamment cette critique. Cette dernière n'est possible qu'au prix d'une méconnaissance de l'apport lacanien. Loin d'être absents, corps et affects ne cessent d'être interrogés. Suivant les moments de son enseignement, Lacan déclinera le corps comme imaginaire, symbolique ou enfin vivant (jouissant). Dans tous les cas, le corps pour la psychanalyse n'est pas l'organisme dont médecine et biologie s'occupent. Le corps sera ce lieu où l'objet *a* et la jouissance trouveront leur unique terrain de jeu. Sans lui, ni l'objet *a* ni la jouissance ne peuvent entrer en action.

Le premier, on l'a vu dans notre chapitre consacré au miroir, se construit comme reflet spéculaire auquel l'enfant s'identifie ; par là, le corps obtient une unité, certes illusoire, mais une identité néanmoins.

Reste une question déterminante pour la clinique : **comment se nouent corps vivant et ordre symbolique ?** Que produit cette rencontre ? Seul le savoir signifiant peut *faire* le corps – il le produit en transformant, et donc en dérangeant, le donné biologique de l'organisme vivant. C'est le signifiant qui affecte de jouissance le corps. Jacques-Alain Miller appelle cette opération la *corporisation* : « Or, la corporisation est au contraire le signifiant saisi comme affectant le corps de l'être parlant, et le signifiant devenant corps, morcelant la jouissance du corps et en faisant saillir le plus-de-jouir, découpant le corps, mais jusqu'à en faire sourdre la jouissance, le plus-de-jouir qui y est virtuel. » Il ajoute : « [Lacan] appelle affect [...] l'effet corporel du signifiant, c'est-à-dire non pas son effet sémantique, qui est le signifié, non pas son effet de sujet supposé, c'est-à-dire non pas tous les effets de vérité du signifiant, mais ses effets de jouissance. C'est ce qu'il rassemble sous le terme d'affect comme tel dérangeant les fonctions du corps vivant. » **Dans la corporisation, « le savoir passe dans le corps »** – il est « savoir incorporé ». Le préfixe *in* signifie l'inclusion. Le résultat est l'émergence de la « substance du corps », qui se définit « seulement de ce qui se jouit. Propriété du corps vivant sans doute, mais nous ne savons pas ce que c'est d'être vivant sinon seulement ceci, qu'un corps cela se jouit », comme écrit Lacan dans *Encore*. Cette jouissance, associée à l'être comme vivant, ne serait plus dans la dépendance de la fonction de la parole comme la jouissance phallique. Dans la première leçon du séminaire *R.S.I.*, en décembre 1974, Lacan nomme cette jouissance : « jouir de la vie », en précisant : « [...] le réel, c'est la vie que nous sommes amenés à y référer. » La vie est un des noms du trou du réel, de la « substance jouissante ». Le symbolique, lui, mortifie, tue. L'imaginaire assure l'illusion où l'Un s'assure de l'autre, son *alter ego* narcissique.

Mais, point décisif, c'est le signifiant qui, aussi, fait le corps mortifié – c'est-à-dire vidé de jouissance. C'est au titre de « désert de jouissance » – « place nette, rond brûlé » – qu'il advient comme lieu de l'Autre et que cet Autre est fondamentalement asexué. **Le signifiant produit l'extraction, l'évacuation, l'expropriation de la jouissance du corps.** Le corps devient l'Autre décomplété de sa jouissance – cette jouissance supposée à partir de l'insatisfaction quant à l'être portée par la jouissance phallique. Jacques-Alain Miller nomme cette autre opération *signifiantisation* : « Le paradigme du devenir signifiant du corps nous est donné par Lacan dans sa construction du phallus. C'est spécialement à propos de cette partie du corps qu'il nous dessine ce qui est resté pour nous un repère, le passage au signifiant. » Le pénis, comme organe, est élevé à la dignité d'un symbole, le phallus. La structure du passage au signifiant est conçue comme une

« élévation ». C'est pourquoi Lacan dira du signifiant qu'il est « incorporel » – le préfixe *in* indiquant ici la négation. Le signifiant est dans un rapport négatif avec le corps. Il y a un savoir incorporel qui est le savoir formel de l'Autre. Pour la psychanalyse, le corps ne préexiste donc pas au signifiant – le corps n'est ni les chairs, ni les organes qui font l'organisme physiologique. Le corps, c'est le corps même du symbolique. Il prend voix de l'inconscient et de lui seul. L'effet de cette incorporation signifiante mortifie l'organisme et ses chairs : « par quoi s'avère que du corps, il est second qu'il soit mort ou vif », comme le prouve la sépulture. Bref, contrairement à l'évidence, le « corps [...] est d'abord ce qui peut porter la marque propre à le ranger dans une suite de signifiants ». Pour Lacan, « la fonction du corps, c'est le lieu de l'Autre » : « Où nous avons pour la première fois appuyé que ce lieu de l'Autre n'est pas à prendre ailleurs que dans le corps, qu'il n'est pas intersubjectivité, mais cicatrices sur le corps tégumentaires, pédoncules à se brancher sur ses orifices pour y faire office de prises, artifices ancestraux et techniques qui le rongent. » **C'est ce corps-là, pris dans le jeu signifiant, que le clinicien rencontre** – par exemple dans le symptôme hystérique inscrivant sur le corps, selon les tracés d'une anatomie purement fictionnelle, une parole empêchée (refoulée). Et c'est d'avoir incorporé le symbolique que cet organisme (vivant) devenu corps prend une réalité, imaginaire donc, une unité illusoire.

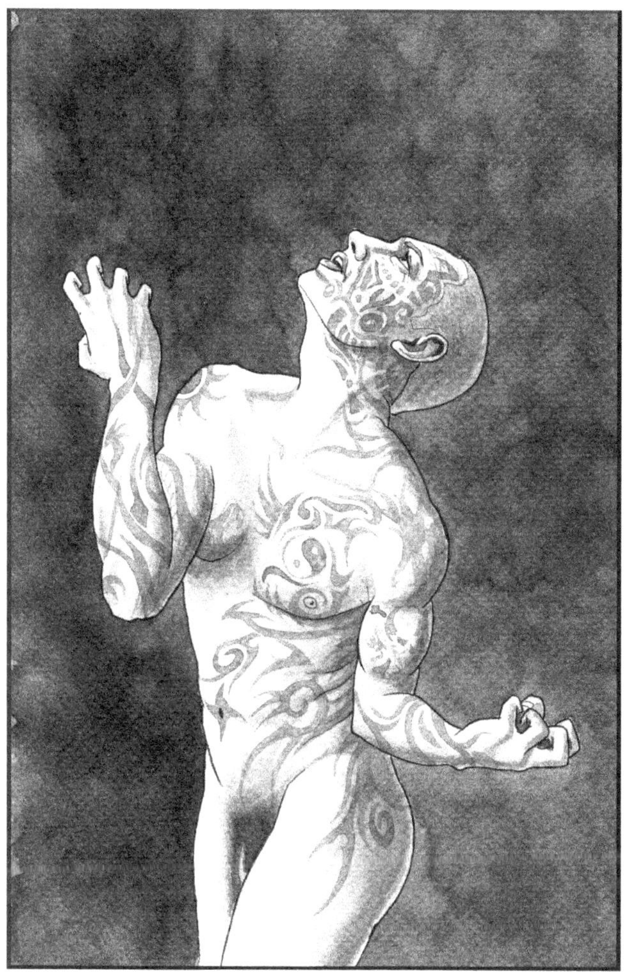

La phrase souvent citée de Lacan, dans *L'envers de la psychanalyse*, en 1970 : « Qu'est-ce qui a un corps et qui n'existe pas ? Réponse – le grand Autre », conjoint justement ces deux opérations de la signifiantisation et de la corporisation. Jacques-Alain Miller la commente ainsi : « Au moment où [Lacan] doute de la consistance purement logique de la fonction du grand Autre, c'est là aussi bien qu'il introduit de biais [...] qu'il faut corporiser le grand Autre, que le corps du partenaire, et même du partenaire parlant, est inéliminable [...] »

En 1967, dans son séminaire *La logique du fantasme*, Lacan déplie une thèse qui court jusqu'à la fin de son enseignement : **il n'y a de jouissance que du corps**. Comment l'entendre ? « La jouissance est ce quelque chose dans quoi marque ses traits et ses limites le principe du plaisir, c'est quelque chose de substantiel qui est important à produire sous la forme que je vais articuler au nom d'un nouveau principe : il n'y a de jouissance que du corps. [...] je considère cette affirmation comme absolument essentielle. Elle me paraît d'une plus grande portée éthique que celle du matérialisme. » Il précise : « Dire qu'il n'y a de jouissance que du corps, que ceci vous refuse les jouissances éternelles, c'est bien là ce qui est en jeu dans ce que j'ai appelé la valeur éthique du matérialisme, à savoir ce qui consiste à prendre ce qui se passe dans notre vie de tous les jours au sérieux. [...] *Il n'y a de jouissance que du corps*, ceci répond [...] à l'exigence de vérité qu'il y a dans le freudisme. » C'est cette thèse que Lacan dépliera dans ses extrêmes conséquences au cours des années 1970-1980 : « Il y a un corps qui parle. Il y a un corps qui jouit par différents moyens. Le lieu de la jouissance est toujours le même, le corps. Il peut jouir en se branlant ou simplement en parlant. Du fait qu'il parle, ce corps n'est pas pour autant lié à l'Autre. Il n'est qu'attaché à sa jouissance propre, à sa jouissance Une », commente Jacques-Alain Miller.

C'est pourquoi, dans ses derniers séminaires, Lacan insistera moins sur le corps marqué par le signifiant que sur **le corps vivant comme condition de l'Une-jouissance.**

13
Le nœud borroméen

À partir des années 1970, Lacan utilise un nœud singulier aux propriétés topologiques ayant, pour lui, une place déterminante pour la clinique. C'est le nœud borroméen. De quoi s'agit-il ? Prenons trois ronds de ficelle distingués seulement par leur nom, I pour imaginaire, S pour symbolique, R pour réel, et nouons-les de façon à ce que les nœuds soient libres deux à deux mais, qu'à trois, ils soient noués. Le nœud borroméen se différencie donc des cercles olympiques noués deux à deux. Comment se réalise (voire se prouve) le caractère borroméen d'un nœud à trois ficelles ? Par la coupure. À couper l'un des ronds de ficelle, les deux autres sont libres. Jean-Claude Milner, dans *Les noms indistincts*, en 1983, insiste sur la coupure qui est tout sauf anecdotique ou relative : « Le borroméanisme du nœud n'existe que par cet instant du dénouage où, d'une coupure unique, les ronds se retrouvent dispersés. Qui ne voit que cette dispersion n'est rien d'autre que le réel en lui-même, tel que l'imaginaire s'épuise à le représenter ? Car il faut tenir à la fois que rien de S ni de I ne donne accès à R et que – c'est même là l'essence du nœud – l'être parlant est incessamment requis d'imaginer R. »

Voici un tel nœud représenté mis à plat.

Un nœud borroméen peut avoir un grand nombre de ronds à condition qu'à couper l'un, n'importe lequel, tous soient libres. Voici le nœud à quatre.

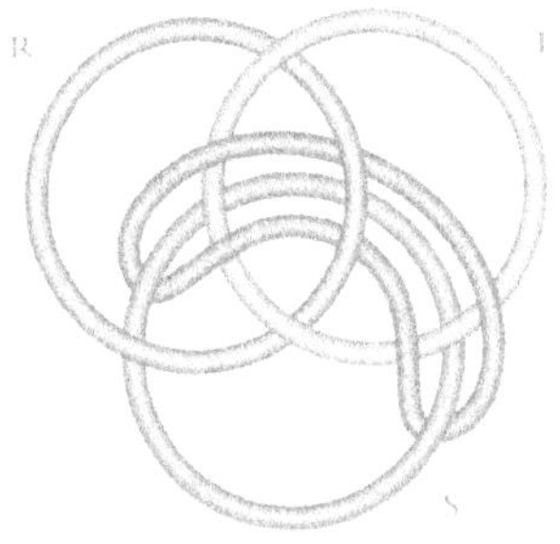

Que livre-t-il ? Que R, S et I sont disjoints. Toute vie psychique du sujet parlant s'affronte à cette disjonction, à ces catégories en vrac. Pour qu'elle tienne, il faut un quatrième rond qui noue les trois autres borroméennement. Ce quatrième rond peut s'appeler réalité psychique, Œdipe, Nom-du-Père ou sinthome. Mais chaque sujet trouve sa solution et peut assurer ce nouage par un bricolage qui lui est propre. Pour Lacan, nous sommes des sujets bricolés.

Dans la seconde leçon de *R.S.I.*, Lacan écrit le minimum, comme il dit. « Ce minimum est assez pour que vous y reconnaissiez le nœud borroméen. Il me semble que j'ai justifié en quoi le nœud borroméen peut s'écrire, puisque c'est une écriture, une écriture qui supporte un réel. » Le nœud n'est pas une métaphore, une image ou une représentation du réel. Le nœud *est* le réel. « Ceci désigne que non seulement le réel peut se supporter d'une écriture, mais je dirai plus, il n'y a pas d'autre idée sensible du réel que celle que donne l'écriture, le trait d'écrit. »

Le nœud, s'il n'est pas une représentation, une idée de la structure, effectivement n'a pas à être pensé mais manipulé : « [...] pour opérer avec ce nœud d'une façon qui convienne, il faut que vous vous fondiez sur un peu de bêtise – le mieux est encore d'en user bêtement, ce qui veut dire d'en être dupe. Il ne faut pas entrer à son sujet dans le doute obsessionnel, ni trop chipoter ! »

Manipuler le nœud – opérer avec lui – n'est pas en jouer mentalement ou triturer les ficelles qui peuvent concrètement le présentifier dans la réalité sensible. Manipuler le nœud se déduit de sa définition : une écriture qui supporte un réel. Qu'est-ce que manipuler une écriture, un trait d'écrit ? C'est, comme pour l'écriture mathématique faite de lettres ou de signes algorithmiques, en inventorier les propriétés et en déduire les conséquences logiques. La consistance du nœud est une consistance logique – nullement ontologique. « Car si j'énonce (ce qui ne saurait se faire que du symbolique) que leur consistance à ces trois ronds ne se supporte que du réel, c'est bien que j'use de l'écart de sens qui est permis entre R-S-I comme individualisant ces trois ronds, les spécifiant comme tels. » Les trois ronds sont de « pure consistance », « [...] à savoir que ce n'est que de tenir entre eux qu'ils consistent. Les trois tiennent entre eux "réellement" ». Le nœud ne porte pas à la pensée où règnent le sens et ses opérations mais à ce qui en constitue l'expulsé, le réel. Le nœud est réel, le nœud est une écriture.

Pour faire entendre à quoi sert le nœud borroméen, Lacan, toujours dans *R.S.I.*, fait référence à un texte célèbre : *Vénus physique*. Pourquoi ? Ce texte écrit en 1774 par Maupertuis, président de l'Académie des sciences de Berlin, est un classique de l'étude de la nature au siècle des Lumières. Qu'en dit Lacan ? Il pointe d'abord que l'ouvrage de notre anatomiste est un témoignage « [...] du temps qu'ont mis ces bêtes parlantes que sont les hommes [...] pour se rendre compte du spécifique de la reproduction sexuée ». Écoutons Maupertuis : « Je tâcherai seulement de vous faire connaître

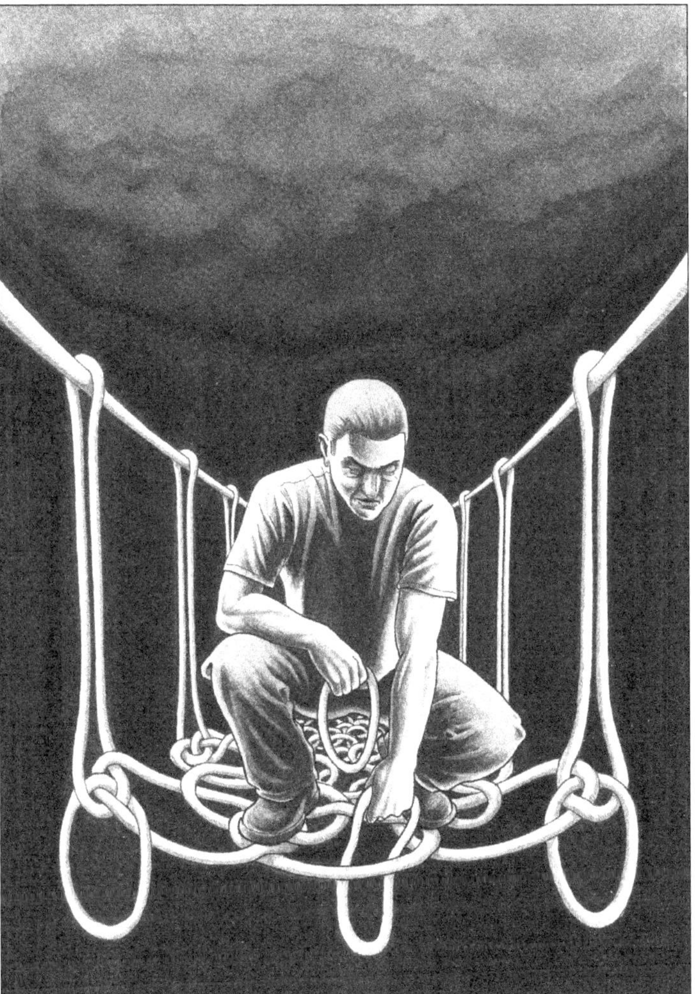

l'origine de votre corps, et les différents états par lesquels vous avez passé, avant que d'être dans l'état où vous êtes. » Lacan insiste sur l'angle d'attaque choisi par Maupertuis : comment comprendre « la reproduction des corps vivants » ? – « [...] pour qu'il l'ait introduite du terme de *Vénus physique*, c'est qu'il se plaît à ne faire état que de la reproduction sexuée. » Autrement dit, l'anatomiste part du mâle et de la femelle, de l'homme et de la femme, pour déterminer comment, après le « plaisir » (sexuel) d'une femme, une nouvelle créature en résulte.

Lacan cite, ensuite, Maupertuis pour en faire une critique radicale. La *Vénus physique* signe l'échec de son auteur : « Il est à mes yeux tout à fait clair que c'est de ne pas être simplement dupe, de ne pas s'en tenir à ce que son temps lui fournit comme matériel (à savoir déjà beaucoup : le repérage au microscope par Leewenhoek et Swammerdam de ce qu'on appelle à l'époque les animalcules, c'est-à-dire les spermatozoïdes, et les œufs d'autre part), [...] que Maupertuis, de n'être pas dupe, pour tout dire de ne pas être assez bête, ne sent pas le point à proprement parler de découverte que constitue, pour ce qu'il en est d'une appréhension réelle de la distinction des sexes, ce qui lui est apporté. » Maupertuis ne s'en tient pas à ce qu'il a sous la main, voilà son erreur. Il se refuse à être dupe : « S'il était plus dupe, il errerait moins ; non pas certes que son erre soit sotte, car il arrive à quelque chose qui est en quelque sorte la préfiguration de ce qui s'est à un examen ultérieur (à de plus puissants microscopes), révélé comme constituant l'existence des gènes ! »

À ne pas vouloir être dupe, l'anatomiste ne voit plus ce qu'il a sous la loupe du microscope. « C'est d'être non-dupe qu'il imagine fort mal. Il n'est pas dupe dans la mesure où il ne s'en tient pas strictement à ce qui lui est fourni : il fait en somme des hypothèses. » Une autre façon de procéder se dégage : « L'*hypothesis non fingere*, la répudiation des hypothèses, me paraît être ce qui convient et ce que je désigne de ce conseil d'être assez bête pour ne pas se poser de questions [...] » Voilà ce que le nœud borroméen permet : il ne s'agit pas de faire des hypothèses, il faut opérer avec, bêtement. C'est ce refus de la bêtise – ce refus de ne pas avoir voulu opérer avec le matériel fourni qui a fait échouer Maupertuis. Il n'a pu réellement saisir ce qui fait la distinction des sexes.

Et Lacan de conclure à propos du nœud : « [...] être assez bête pour ne pas se poser de questions concernant l'usage de mon nœud par exemple. Ce n'est certainement pas à l'aide de ce nœud qu'on peut aller plus loin que de là d'où il sort, à savoir l'expérience analytique. C'est de l'expérience analytique qu'il rend compte et c'est en cela qu'est son prix. » Le nœud ne permet aucun dépassement, il n'inaugure aucun au-delà. L'usage du nœud objecte à l'hypothèse, à l'idée, au chipotage obsessionnel. Le nœud met en acte – réalise – « la répudiation des hypothèses », « l'*hypothesis non fingere* ».

Conclusion
La *lalangue*

L'effet de poésie

En quoi la poésie intéresse-t-elle la psychanalyse ? Serait-ce au nom de la psychanalyse *appliquée*, chère au discours universitaire, c'est-à-dire de « ce frotti-frotta littéraire dont se dénote le psychanalyste en mal d'invention », comme l'écrit Lacan, en 1971, dans « Lituraterre » ? Nullement. Lacan ne voit en elle que pédantisme, goujaterie ou sottise. Par contre, la thèse qu'il déplie tout au long de son enseignement, est que **la poésie intéresse la psychanalyse au titre de la cure elle-même**. Déjà, dans *Les psychoses*, la poésie est déplacée des purs jeux formels (où s'épuise la Poétique) vers les nouveaux effets subjectifs produits. Elle est « création d'un sujet assumant un nouvel ordre de relation symbolique au monde ». Par le signifiant, elle introduit le sujet (qui en fait l'expérience) à un autre monde que le nôtre. C'est pourquoi Jean de la Croix, Proust ou Nerval sont poètes – et pas le délirant Président Schreber pourtant assurément « écrivain ». Le poète est un visionnaire.

Mais, à la fin de son enseignement, la poésie devient, chez Lacan, une référence déterminante pour la cure et sa terminaison. Dans son séminaire *Le moment de conclure*, en 1977, il remarque que « dire est autre chose que parler. L'analysant parle. Il fait de la poésie. Il fait de la poésie quand il y arrive, c'est peu fréquent ». L'enseignement de ces années-là ne limite pas la poésie à la seule position de l'analysant. L'analyste lui-même y est tenu, notamment dans l'interprétation – « [...] à l'aide de ce qu'on appelle l'écriture poétique, vous pouvez avoir la dimension de ce que pourrait être [...] l'interprétation analytique » (séminaire *L'insu que sait de l'une-bévue s'aile à mourre* – 1977). La coupure, la cassure qui font interprétation participent de l'écriture – « C'est pour ça que je dis que ni dans ce que dit l'analysant, ni dans ce que dit l'analyste, il y a autre chose qu'écriture. » Lacan ira jusqu'à poser que la pratique analytique « c'est aussi bien de la poésie ». Cette définition extensive de la poésie va de pair avec un changement de concepts – non plus le signifiant, mais l'*écriture avec le réel* qu'elle chiffre.

Quand l'analysant parvient-il à la poésie ? Quand l'analyste produit-il un effet de poésie ? **Quand la psychanalyse devient-elle poésie, soit écriture ?** Répondre à ces questions implique un nouveau concept : la *lettre*, le *littoral*, – qui n'est ni le signifiant ni l'objet – et en tirer quelques conséquences.

Dans « Lituraterre », Lacan décrit ce moment où la lettre se construit : « Est-il possible du littoral de constituer tel discours qui se caractérise de ne pas s'émettre du semblant ? Là est la question qui ne se propose que de la littérature dite d'avant-garde, laquelle est elle-même faite de littoral : et donc ne se soutient pas du semblant, mais pour autant ne prouve rien que la cassure, que seul un discours peut produire, avec effet de production. » C'est lorsque les semblants ordonnés par les jeux signifiants se cassent, que la *lettre-littoral* émerge. Cet effet, dans la littérature, crée donc la poésie d'avant-garde – cet effet, dans la cure, crée un analysant d'avant-garde, soit un analysant qui lituraterrise, et un analyste qui, comme le poète, réalise « ce tour de force de faire qu'un sens soit absent […] ».

Lalangue – « en un seul mot »

Je parle. Je te parle. Tu parles. Tu me parles. Je parle pour dire. Je te parle pour te dire. Tu parles pour dire. Tu me parles pour me dire. Tu dis quoi ? Tu veux me dire quoi ? Ces déclinaisons pourraient, *ad infinitum*, être dépliées. Elles font les beaux jours des paroles adressées, des incompréhensions, des mirages, des croyances, des ceci et des cela qui nourrissent notamment l'échange amoureux. À les multiplier, une dialectique s'engage avec son corollaire immédiat : **la parole sert à la communication**. J'ai quelque chose à dire à celui auquel je m'adresse et je le lui dis – parfois, je n'ose pas, j'hésite ; parfois je le lui hurle, je le contrains. Celui qui reçoit ma parole décrypte ce que je veux dire. Il y arrive ou non – c'est secondaire. Il y a donc une volonté (une intention, une décision – les mots changent selon les théories et les références livresques) de communication. La parole est son moyen. Je communique avec ma parole. Elle est ustensile au service de la communication. Est-ce bien utile d'écrire cela, de l'affirmer ainsi ? Il n'y a là qu'évidence et bon sens. C'est exact : cela est connu, se dit, se répète. Alors pourquoi ? Cette thèse : la parole sert à la communication, sert la communication, est si vraie qu'elle en devient triviale et la redire est vain. C'est ainsi ! À la transparence de cette dialectique intersubjective, la psychanalyse inscrit sa marque : *je ne sais pas ce que je dis*. Elle ajoute : ... *et je ne sais pas à qui je le dis !* Autrement dit, tel l'esclave analphabète de l'Antiquité qui portait sur son crâne rasé, écrit, le message qu'il ne pouvait ni voir ni lire, le sujet qui énonce est le jouet de ce message inconscient qu'il reçoit de l'Autre. Lacan, dans les années 1950, lui donne sa définition : *l'inconscient est le discours de l'Autre* et, à ce titre, doit être décrypté. La thèse de la communication est maintenue mais transformée : je ne sais ce que je communique en disant. Je te parle et, dans ce que je te dis, est dit ce que j'ignore que je suis en train de te dire et qui me vient de l'Autre qui n'est ni moi ni toi, mais une Autre scène.

Et voilà qu'à la fin de son enseignement (années 1970-1980), Lacan scie la branche sur laquelle reposait son édifice. Une autre thèse s'y affirme : **la parole n'est pas communication, mais jouissance**. Il crée pour cela un concept nouveau :

lalangue (en un seul mot). **La lalangue « est la parole avant son ordonnancement grammatical et lexicographique »**, précise Jacques-Alain Miller. Lacan le martèle dans *Encore* : « Lalangue sert à de toutes autres choses qu'à la communication. […] Mais lalangue sert-elle d'abord au dialogue ? Comme je l'ai autrefois articulé, rien n'est moins sûr. » Il y a donc la lalangue et le langage qui en dérive, qui est second, car il est « une élucubration de savoir sur lalangue ». Le bougé conceptuel opéré par Lacan par rapport à ce qui précède dans son enseignement est radical. Il y avait d'abord le signifiant et sa logique puis, deuxième temps, la jouissance. Désormais la jouissance est première et le langage et sa structure adviennent en second. Lacan transforme sa définition princeps de l'inconscient : « Si l'on peut dire que l'inconscient est structuré comme un langage, c'est en ceci que les effets de lalangue, déjà là comme savoir, vont bien au-delà de tout ce que l'être qui parle est susceptible d'énoncer. » Lalangue a donc des effets ? Oui ! Lesquels ? « L'inconscient est le témoignage d'un savoir en tant que pour une grande part il échappe à l'être parlant. Cet être donne l'occasion de s'apercevoir jusqu'où vont les effets de lalangue, par ceci, qu'il présente toutes sortes d'affects qui restent énigmatiques. »

Le sceptique pourrait toujours clamer : c'est donc la jouissance qui fait rapport, qui sert à communiquer, à permettre la rencontre des corps ! Non, radicalement non. Pourquoi ? Parce que cette jouissance de la lalangue est une jouissance

Une, c'est-à-dire qu'elle se passe de l'Autre. Elle est Une et elle n'a qu'un seul lieu : le corps propre. Voici la chute de cet épilogue : la parole est un « mode de satisfaction spécifique du corps parlant » (J.-A. Miller). Oui, le corps est, en l'affaire, le corps propre vivant.

Voilà ce que Lacan, à la fin de sa vie, par son enseignement, offre à ses élèves et à ses lecteurs attentifs. **À chacun d'en tirer les conséquences** qui s'imposent, toujours et encore, pour lui-même, les analysants qu'il reçoit et le monde qui est le sien – pas sans *réel*.

Références lacaniennes

L'œuvre écrite de Jacques Lacan, constituée d'articles, publiés d'abord en revue et souvent tirés de son séminaire, est accessible dans *Écrits* (1966) et dans *Autres écrits* (2001). Sa thèse de psychiatrie est publiée : *De la psychose paranoïaque dans ses rapports avec la personnalité*, Paris, Seuil, coll. « Points Essais », 1980. La série *Les paradoxes de Lacan*, éditée au Seuil, complète ces ouvrages.

L'enseignement oral, soit les séminaires, est en cours de publication. Quinze sont parus, au Seuil, sur les vingt-cinq prononcés. Le texte de chacun est établi par Jacques-Alain Miller selon la volonté de Lacan. Le premier paru, en 1973, est le séminaire XI. Le dernier, en 2011, le séminaire XIX. Sur l'établissement des séminaires, voir Miller, Jacques-Alain, *Entretien sur le Séminaire avec François Ansermet*, Paris, Navarin, 1985.

Introduction : pourquoi Lacan ?

Miller, Judith, *Album Lacan – visages de mon père*, Paris, Seuil, 1991.

Connaissez-vous Lacan ?, Paris, Seuil, 1999, et *Pourquoi Lacan*, sous la direction d'Anaëlle Lebovits-Quenehen, Fontenay-le-Comte, Lussaud, 2012 (2ᵉ édition).

Miller, Jacques-Alain, « Vie de Lacan », *La Cause freudienne*, n° 79, *Lacan au miroir des sorcières*, Paris, Navarin, 2011.

Le miroir

« L'agressivité en psychanalyse » (1948), *Écrits*, Paris, Seuil, 1966.

« Le stade du miroir comme formateur de la fonction du Je telle qu'elle nous est révélée dans l'expérience psychanalytique » (1949), *Écrits*, Paris, Seuil, 1966.

Le Séminaire, livre II, Le moi dans la théorie de Freud et dans la technique de la psychanalyse (1954-1955), Paris, Seuil, 1978.

L'Autre

« Fonction et champ de la parole et du langage en psychanalyse » (1953), *Écrits*, Paris, Seuil, 1966.

Le Séminaire, livre V, Les formations de l'inconscient (1957-1958), Paris, Seuil, 1998.

« Télévision » (1974), *Autres écrits*, Paris, Seuil, 2001.

Le sujet

« Subversion du sujet et dialectique du désir dans l'inconscient freudien (1960), *Écrits*, Paris, Seuil, 1966.

Le Séminaire, livre XI, Les quatre concepts fondamentaux de la psychanalyse (1964), Paris, Seuil, 1973.

Le Séminaire, livre XVIII, D'un discours qui ne serait pas du semblant (1970-1971), Paris, Seuil, 2007.

Le Nom-du-Père

Le Séminaire, livre III, Les psychoses (1955-1956), Paris, Seuil, 1981.

« D'une question préliminaire à tout traitement possible de la psychose » (1958), *Écrits*, Paris, Seuil, 1966.

« Introduction aux Noms-du-Père » (1973), *Des Noms-du-Père*, Paris, Seuil, 2005.

Le phallus

Freud, Sigmund, « L'organisation génitale infantile » (1923), *La vie sexuelle*, Paris, PUF, 1969.

« La signification du phallus » (1958), *Écrits*, Paris, Seuil, 1966.

« La direction de la cure et les principes de son pouvoir » (1958), *Écrits*, Paris, Seuil, 1966.

L'objet a

Le Séminaire, livre X, L'angoisse (1962-1963), Paris, Seuil, 2004.

Le Séminaire, livre XVI, D'un Autre à l'autre (1968-1969), Paris, Seuil, 2006.

Regnault, François, *Notre objet* a, Lagrasse, Verdier, 2003.

Le fantasme

Freud, Sigmund, « "Un enfant est battu." Contribution à la connaissance de la genèse des perversions sexuelles » (1919), *Névrose, psychose et perversion*, Paris, PUF, 1974.

« La logique du fantasme – compte-rendu du séminaire 1966-1967 » (1969), *Autres écrits*, Paris, Seuil, 2001.

« Kant avec Sade » (1962), *Écrits*, Paris, Seuil, 1966.

L'angoisse

« Le temps logique et l'assertion de certitude anticipée. Un nouveau sophisme » (1945), *Écrits*, Paris, Seuil, 1966.

Le Séminaire, livre X, L'angoisse (1962-1963), Paris, Seuil, 2004.

Miller, Jacques-Alain, « Introduction à la lecture du Séminaire *L'angoisse* de Jacques Lacan », *La Cause freudienne*, n° 59, *Le bon usage de l'angoisse*, Paris, Navarin, 2005.

Le réel

Le Séminaire, livre XXII, R.S.I., (1974-1975), *Ornicar ?*, n° 2 (1975), n° 3 (1975), n° 4 (1975), n° 5 (1976), Paris, Navarin.

Le Séminaire, livre XXIII, Le sinthome (1975-1976), Paris, Seuil, 2005.

Miller, Jacques-Alain, « Le réel est sans loi », *La Cause freudienne*, n° 49, *L'obscur de la jouissance*, Paris, Navarin, 2001.

Les jouissances

« L'étourdit » (1973), *Autres écrits*, Paris, Seuil, 2001.

Miller, Jacques-Alain, « Les six paradigmes de la jouissance », *La Cause freudienne*, n° 43, *Les paradigmes de la jouissance*, Paris, Navarin, 1999.

Zaloszyc, Armand, *Freud et l'énigme de la jouissance*, Nice, éditions du losange, 2009.

L'Autre jouissance

Jean de la Croix, *La nuit obscure* (1584), Paris, Seuil, 2011, et *La montée du Carmel* (1584), Paris, Seuil, 1998.

« Propos directifs pour un Congrès sur la sexualité féminine » (1958), *Écrits*, Paris, Seuil, 1966.

Le Séminaire, livre XX, Encore (1972-1973), Paris, Seuil, 1975.

Le corps

« Radiophonie » (1970), *Autres écrits*, Paris, Seuil, 2001. Miller, Jacques-Alain, « Biologie lacanienne et événement de corps », *La Cause freudienne*, n° 44, *de corps*, Paris, Navarin, 2000.

Castanet, Hervé, *La Perversion*, Paris, Anthropos/Economica, 2012 (2ᵉ édition).

Le nœud borroméen

Le Séminaire, livre XXIII, Le sinthome (1975-1976), Paris, Seuil, 2005.

Milner, Jean-Claude, *Les noms indistincts*, Paris, Seuil, 1983.

Skriabine, Pierre, « Lacan topologue », *La Cause freudienne*, n° 79, *Lacan au miroir des sorcières*, Paris, Navarin, 2011.

Conclusion : la lalangue

Joyce, James, *Finnegans Wake* (1923-1939. Traduction Philippe Lavergne), Paris, Gallimard, coll. « Folio », 1997. *Le Séminaire, livre XX, Encore* (1972-1973), Paris, Seuil, 1975.

« Joyce le Symptôme » (1975), *Autres écrits*, Paris, Seuil, 2001.

Chaleureux remerciements à Françoise Santon pour les relecture et correction des manuscrits et épreuves, ainsi qu'à Françoise Denan, Claude Joulain et Laurence Martin.

Table des matières

9 782315 003754